本书由中央高校基本科研业务费专项资金资助（项目编号：2020RCW008）

环境、资源和渔业社会

以20世纪50年代的胶东渔场为中心

王楠 著

当代中国出版社
Contemporary China Publishing House

图书在版编目(CIP)数据

环境、资源和渔业社会：以20世纪50年代的胶东渔场为中心 / 王楠著. -- 北京：当代中国出版社，2022.4

ISBN 978-7-5154-1165-1

Ⅰ. ①环… Ⅱ. ①王… Ⅲ. ①海洋渔业—渔业经济—研究—山东 Ⅳ. ① F326.475.2

中国版本图书馆 CIP 数据核字(2022)第016302号

出 版 人　冀祥德
责任编辑　宋卫云
责任校对　康　莹
印刷监制　刘艳平
封面设计　战盈彤
出版发行　当代中国出版社
地　　址　北京市地安门西大街旌勇里8号
网　　址　http://www.ddzg.net　邮箱：ddzgcbs@sina.com
邮政编码　100009
编 辑 部　(010)66572264　66572154　66572132　66572180
市 场 部　(010)66572281　66572161　66572157　83221785
印　　刷　北京润田金辉印刷有限公司
开　　本　720毫米×1020毫米　1/16
印　　张　12.25印张　1插页　158千字
版　　次　2022年4月第1版
印　　次　2022年4月第1次印刷
定　　价　58.00元

目　录

绪　论

一、问题的提出

2006 年，《环境史》（*Environmental History*）杂志为新罕布什尔大学的一位助理教授开放了 30 多页的版面。这个叫杰弗里·博尔斯特（W. Jeffrey Bolster）的年轻人呼吁人们拥抱海洋环境史的机遇。他热情地宣称："海洋环境史学家应该公正地看待人类及其文化，充分发挥他们讲故事的能力，揭示在变幻莫测的海洋环境中，个人的意愿、价值观、行为以及社会机构是如何发挥作用的。"① 几年后，就像他的前辈唐纳德·沃斯特（Donald Worster）、威廉·克罗农（William Cronon）和杰克·卡尔比（Jack Kirby）等环境史学家那样，博尔斯特凭借一部《死亡之海：大航海时代的大西洋渔业》（*The Mortal Sea: Fishing the Atlantic in the Age of Sail*）摘取了美国历史学界的最高奖项——班克罗夫特奖（Bancroft Prize in American History and Diplomacy）。

博尔斯特并非海洋环境史领域的第一个尝鲜者。早在 1986 年，亚

① W. Jeffrey Bolster, "Opportunities in Marine Environmental History," *Environmental History* 11（July 2006）: 567–597.

瑟·麦克伊沃（Arthur McEvoy）的《渔民问题：1850—1980 年加州渔业的生态与法律》（*The Fisherman's Problem*：*Ecology and Law in the California Fisheries, 1850-1980*）[①] 就荣膺乔治·帕金斯·马什奖（George Perkins Marsh Prize），这是美国环境史学会（ASEH）颁发给年度优秀环境史著作的奖项。13 年后，约瑟夫·泰勒（Joseph Taylor Ⅲ）的《鲑鱼：一部西北地区渔业危机的环境史》（*Making Salmon: An Environmental History of the Northwest Fisheries Crisis*）[②] 亦问鼎该奖项。2000—2010 年，随着波尔·霍姆（Poul Holm）等学者领衔的海洋生物种群历史研究（History of Marine Animal Populations，HMAP）计划的实施，历史学家同科学家之间进行了广泛而密切的合作。这项为期 10 年的研究属于国际海洋生物普查计划（Census of Marine Life, CoML）的子课题，后者旨在评估海洋生物的数量基准和历史变动，并邀请了中国科学院和中国极地研究中心参与。遗憾的是，在 HMAP 计划中科学家扮演着更为关键的角色，而历史学家并未发挥应有的作用，他们的话语和声音似乎被掩盖了，直到 2012 年《死亡之海》问世才打破这种局面。没过多久，《环境史》杂志专门开辟了一期《海洋论坛》，在迈克尔·齐亚拉帕（Michael Chiarappa）和马修·麦肯齐（Matthew McKenzie）的主持下，学者们围绕佛罗里达、北海、波斯湾等渔场的资源问题各抒己见。[③] 如今，越来越多的环境史学家把目光投向海岸线之外，从气候、资源和生态等维度考察人类社会的政治、经济和文化进程。这些富有开创性的工作表明，博尔

① Arthur McEvoy, *The Fisherman's Problem: Ecology and Law in the California Fisheries, 1850–1980*（New York: Cambridge University Press, 1986）.

② Joseph Taylor Ⅲ, *Making Salmon: An Environmental History of the Northwest Fisheries Crisis*（Seattle: University of Washington Press, 1999）.

③ Michael Chiarappa and Matthew McKenzie, "New Directions in Marine Environmental History: An Introduction," *Environmental History* 18（January 2013）:3–11.

斯特在2006年宣告的“海洋环境史的新机遇”已经来临。

沃斯特曾对环境史研究做过三个层面的解释：一是地球的各种系统包括气候、地理和生态系统——伴随时间的变化，二是自这些系统中谋求生计的生产模式的变化，三是文化态度的变化及其在艺术、意识形态、科学和政治中的表现。[①] 从研究现状来看，海洋环境史也具备这几个特点。西方学者的基本工作包括复原水温、洋流和季风等历史变化，重建过去的海洋生物序列；考察渔业资源变迁同经济社会活动之间的联系；追溯人类如何感受、理解和描绘这片覆盖着地球表面70.8%的蔚蓝色水体。

在中国海洋环境史领域，学者们继承了一种与欧美国家并行不悖且殊途同归的学术视野和理论体系。从问题意识上看，我们没能追上西方人的步履，却同样涉猎了上述沃斯特提到的三个层面：历史地理学家复原海岸线的工作，生物学家对古代鱼类生活、生殖、摄食与共栖现象的考察等，都属于第一层面；社会经济史学家描绘的渔业制度、渔民生活和社会组织等是第二层面；至于第三层面，则涵盖了与海洋有关的文学、艺术和神灵等文化史诸要素。这三个层面并非彼此孤立，而是互相嵌入的，必须有机地结合起来。[②] 追溯海洋社会经济的历史，不可能完全撇开生态环境和渔业资源的变化；在某些渔场的生产和保护行为中，宗教信仰和祭祀仪式同样扮演着重要的角色。当然，在学术回顾中，研究者各自的对象、方式和理念也应该受到充分尊重。

真正的问题是，西方海洋环境史学家眼里的“分内之事”——无论是探寻自然、社会还是文化的演变——在中国往往被湮没在生态学、海

① 唐纳德·沃斯特：《环境史研究的三个层面》，侯文蕙译，《世界历史》2011年第4期，第96—108页。

② 钞晓鸿：《泾渭清浊：乾隆朝的考察辨析及其功用意义》，《中国社会科学》2015年第12期，第177—198页。

洋学、考古学、社会学乃至哲学等学科的话语体系里，以“海洋环境史”为主题的著作并不太多。这种现象涉及东西方的共性和差异：作为同样被海洋、季风和生物群系影响着的沿海地带，中国与欧美国家之间并非完全不可比较；但是中国有关学者往往来自生态学、历史地理和社会经济史等领域，其知识结构可能不同于从麦克伊沃的水权法课堂上以及HMAP计划中走出的那批西方人。

就像专家们呼吁的那样，中国学者渴望拥有自己的学科话语体系：“虽然目前中国海洋环境史的各个研究领域都极为薄弱，但基于中国悠久的典籍传统，未来它将和海洋历史共同重构新的历史体系，也是完全有可能的。”[①] 然而西方的经验却告诉我们，构建新的学科话语体系需要很长时间。从麦克伊沃的《渔民问题》到博尔斯特的《死亡之海》，海洋环境史发展为一个相对独立的学科花费了20多年时间。迄今为止，其理论体系仍然被认为是不太成熟的。

提及中国海洋环境史的话语建构，首先应该回答“话语”本身是什么的问题。昆廷·斯金纳（Quentin Skinner）曾直言不讳地表示，学科话语并非一种人们刻意遵循的逻辑、秩序或者规范，而是一种潜移默化地影响着其言说者的法则。[②] 如果将学科话语比喻为一座金字塔，那么它必然搭建在那些已知的事实和经验的砖石之上。重构话语的实质是改变现有的砖石及其排列形式，而不是在头脑里虚构一座臆想之塔。除了那些高屋建瓴的理论，目前还需要更多的实证研究。当未来的学者回顾自己的研究生涯时，或许能够发现一系列曾经被他们所创造、并为他们所遵

---

① 李玉尚：《被遗忘的海疆：中国海洋环境史研究》，《中国社会科学报》2012年12月5日/388期A-05。

② Quentin Skinner, *The Return of Grand Theory in the Human Sciences*（Cambrige：Cambridge University Press, 1985）, p.69.

循的思考与表述体系——中国海洋环境史的“学科话语”。

在中国1.8万多公里的大陆海岸线上，星罗棋布地排列着数十个渔场。本书考察的是胶东半岛，它位于山东半岛最东端，包括胶莱河以东3万平方公里的陆地以及散落在外围的数百个岛屿。胶东半岛附近的黄渤海渔场栖息着丰富的生物资源，这片海域被专家誉为“了解自然和人为各自所扮演的角色的实验场”[①]。20世纪中期，胶东沿海经历了前所未有的渔业转型：装置着围网和拖网的机帆船在海面穿梭，使渔民可以到更遥远的海域作业；现代工业发掘出某些鱼类的特殊价值，捕鲨业等边缘化的渔业部门逐渐升温；养殖从业者把海带和蚶类的种苗播撒到浅海滩涂里，用药品和肥料控制其生长繁殖；合作化改革提高了渔村的专业化程度，职业渔民占渔村人口的比重迅速增长，连妇女的劳动空间也跨越了海岸线。国家宣传渔业大有可为，地方性渔业机构同样沉浸在乐观的增产计划里。水产学家们纷纷呼吁劳动者向地球上最大的资源宝库索取财富。[②]

从环境史的维度重新审视20世纪50年代胶东沿海的渔业转型，可以发现它不仅是技术工具变革的产物，同时是生态与社会交融方式的转折点。本书力图揭示海洋环境的变化、生物资源的波动、渔业技术的发展以及政治制度的革新等要素在推动渔业转型中的作用，也尝试对这种转型如何影响着经济活动、社会组织、环保政策乃至性别关系的历史演变作出阐释。

二、学术史回顾

如同环境史的其他分支一样，海洋环境史的本质也是生态与社会的

① 李玉尚：《海有丰歉：黄渤海的鱼类与环境变迁（1368—1958）》，上海交通大学出版社2011年版，第402页。

② 周炳鑫：《海洋资源》，新知识出版社1957年版，第110页。

交融互动。它涉及的论题很多，其中与本书主题密切相关的包括：海洋生物种群的历史，海洋的自然环境，渔业资源的开发、管理与保护，海洋社会经济史，以及渔业与社会性别等。考虑叙述的针对性，某些研究主题及其成果未作介绍。例如，历史上的海洋文化演变，一直是文学家、艺术家和文化史学家的工作；至于传统的鱼类生态学和命名学，生态学家和科学史学家的答案或许更为专业。

此外还存在其他跨学科的研究案例。考虑到不同学科的交叉，不能仅仅通过内容或者对象来割裂研究领域。出于行文方便之目的，在划分某些亦此亦彼的案例时，尽可能地尊重学者自身的学科认同。

（一）海洋生物种群的历史

1999 年启动的海洋生物种群历史研究（HMAP）计划，让生态学家与历史学家真正地携起手来。HMAP 计划起源于国际海洋生物普查计划，这是一项评估海洋生物数量基准和历史变动的科研项目。作为重现“海洋的过去”（Ocean’s Past）的预期任务之一，HMAP 计划希望提高人类对生态系统动力的理解，特别是渔获量的长期变化、酷渔滥捕的生态影响以及渔业资源曾经扮演的角色。波尔·霍姆（Poul Holm）等科学家以中世纪至近代早期斯堪的纳维亚半岛、17 世纪以来白海和巴伦支海沿岸以及南非、秘鲁、澳大利亚和加拿大等地的渔业为历史样本，揭示环境变化和人类活动对鲸类、西北大西洋的鳕鱼和加勒比海的珊瑚礁等海洋生物的影响。[①]HMAP 计划的中国子课题是由中国科学院海洋研究所承担的。整体看来，科学家们将重点放在调查海洋生物的现状上。而自然与人文的互动交融，则更多地留给历史学家去呈现。

2007 年，李玉尚开始关注历史上中国的海洋生物种群变化，他采

① Poul Holm, Marta Coll, Alison MacDiarmid, Henn Ojaveer and Bo Poulsen, “HMAP Response to the Marine Forum,” *Environmental History* 18（January 2013）: 121–126.

用的数据分析法与HMAP计划有异曲同工之妙。比如选择某些对气候或水文条件较为敏感的鱼类，利用历史记载模拟其过去的栖息环境。最典型的代表是黄海鲱鱼，这种鱼通常只能在冷水性渔场里产卵。通过产量与水温构建的样本回归函数，估算出20世纪70年代的石岛水温介于2.55—3.83℃，进而推测出清嘉道年间鲱鱼旺发期的水温值也处在类似的范围。最后试图揭示鲱鱼的种群变动与胶东的渔村人口的联系，从科学角度论证“赶鲱鱼”历史传说的真实性。[①] 除此之外，根据他近期提供的研究动态，具有敏感性的生物显然不止鲱鱼一种，其他鱼类的资源量与环境因子之间也存在某种关联——例如石首科（小黄鱼）与降水量，以及降海洄游的鱼类（松江鲈鱼和香鱼）与陆上生态系统之间的联系等。[②]

值得注意的是，李玉尚等并未否认人文因素对资源量的影响。例如强调明清时期，国家政策和渔盐供应制约着渔获量；20世纪前期，随着奉天渔业公司模式的推广，国家垄断了海洋渔业，捕捞的强度逐渐增加，从而改变着海洋生物的种群结构和资源数量。[③] 围绕大黄鱼、带鱼和墨鱼等渔业资源，该团队的其他成员也开展过类似的研究。例如，陈亮发现16世纪以来带鱼的渔获量受到技术、市场与水产制度的制约，其中市场因素的作用最为关键。从20世纪50年代起，日益增长的市场需求打破了市场、技术与产量之间的平衡，闽台沿海的带鱼资源也随之走向衰落。[④]

① 李玉尚、陈亮：《明代黄渤海和朝鲜东部沿海鲱鱼资源数量的变动及原因》，《中国农史》2009年第2期，第9—22页。

② 李玉尚：《海有丰歉：黄渤海的鱼类与环境变迁（1368—1958）》，上海交通大学出版社2011年版，第396—399页。

③ 李玉尚、王涛：《被遗忘的海疆：中国海洋环境史研究》，载钞晓鸿主编《环境史研究的理论与实践》，人民出版社2016年版，第45—60页。

④ 陈亮：《技术、市场与资源：明清以来福建沿海的带鱼捕捞》，《中国农史》2013年第3期，第67—77页。

尽管该团队没有参与 HMAP 计划，不过两者的研究方法极其相似。首先，李玉尚等构造模型的历史资料来自典籍、地方志和政府档案，正如西方人取材于 17 世纪北大西洋各港口的渔捞记录一样，这些数据本身都是生物流动性与渔场固定性双重作用的结果。在反映全球性的气候变化轨迹时，东西方的渔获量记录之间具有相互参照性和替代性。其次，波尔·霍姆和李玉尚谈论的“环境”似乎并非我们熟悉的“人类环境”，即人类在某一时期所处的自然和社会环境。相反，他们在探讨海洋环境和生物的变化时，往往将人文因素视为海洋生物变化的外因，也就是所谓的“生物环境”。这种观念体现在处理资料的方式上：为了反映环境变化的总体趋势，他们不约而同地保留客观的历史数据，同时剔除捕捞死亡率等偶然性的人文因素。

HMAP 计划曾经受到某些学者的批判。兰斯·凡·希特（Lance Van Sittert）和约瑟夫·泰勒就公开质疑过这种研究方法，指责该项目是在雇佣历史学家去发掘档案数据，再把这些数据填进海洋学家构造的生态模型里。他们担心 HMAP 计划使历史学家沦为“数据的奴隶”，并且沾染上生态学家过分迷信模型的毛病。[①] 不过我认为，评价一项研究结论的可靠性，不能仅仅根据它是不是一种纯粹的历史工作而定。正如凯瑟琳·安德森（Katharine Anderson）和格伦·格拉索（Glenn Grasso）辩护的那样，HMAP 的方法本身没有问题，在地理规划、气候预测乃至陆地环境史等领域都得到了广泛应用。[②] 迄今为止，学者们已经成功地复原了北大西洋的鳕鱼、日本海的鲸类以及中国黄渤海的鲱鱼等物种的栖息环境，可见

① Joseph Taylor Ⅲ, “Knowing the Black Box: Methodological Challenges in Marine Environmental History,” *Environmental History* 18 (January 2013): 60–75.

② Katharine Anderson, “Does History Count?” *Endeavour* 30 (2006): 150–155; Glenn M. Grasso, “What Appeared Limitless Plenty: The Rise and Fall of the Nineteenth-Century Atlantic Halibut Fishery,” *Environmental History* 13 (January 2008): 66–91.

科学家和历史学家都能从彼此交流中获益。

当然，这样的学科交叉也确实面临着瓶颈：通过海洋生物的基数和分布来“逆推”环境变化的做法，显然脱胎于年代测定学常用的孢粉和树木年轮分析技术。我们将陆地上的植物替换成海洋里的鱼群固然令人耳目一新，不过就精确度而言，这并没有什么优势。更何况海洋生物分析法需要借助那些历史记载丰富、同时对环境因子高度敏感的物种。除了黄海鲱鱼之外，其他可供选择的鱼类也很有限。李玉尚带领其团队进行过不少新的尝试，在扩展研究对象之余，他们更多地诠释了社会要素的角色。无论如何，这些研究的核心问题还是探讨“生物环境”，将国家政策、渔业技术和市场需求视为影响资源量变动的外部因素。

从研究取向上说，本书与 HMAP 最大的差别是由“生物环境”回归“人类环境”。这样做并非重拾所谓的“人类中心主义”[①]——事实上，以 HMAP 为代表的海洋环境史研究没有明显的人类中心主义倾向，反而或多或少地将人类的角色边缘化了，因此适当地增强人文关怀不会妨碍我们对海洋生态系统的理解和尊重。

本书第二章探讨的“海上公地”现象——从宗藩时代的越境捕鱼活动，到殖民体系下的实业救国与政府谈判，再到当代的军事护渔和技术竞争，始终受到资源变动的制约。例如，19 世纪晚期黄海的水温转暖，中国沿海的鲱鱼迁徙到朝鲜附近，这种资源变动催生了越境捕鱼的海盗群体，迫使清政府放弃对偷渔者的纵容态度，进而改变着宗藩关系下海上公地争端的形式。正因为如此，在谈论渔业争端、开发效应、资源保

① 中国学者对“人类中心主义”的批判，参见王利华：《从环境史研究看生态文明建设的“知”与“行”》，载人民日报社理论部编《人民日报理论著述年编（2013）》，人民日报出版社 2014 年版，第 669—671 页；王利华：《中国生态史学的思想框架和研究理路》，载唐大为主编《中国环境史研究》第 1 辑，中国环境科学出版社 2009 年版，第 29 页等。

护、政治改革和男女性别等问题时，本书主要将海洋生物作为人类社会存在和发展的环境因素，致力于探讨资源变动对历史进程的影响。

（二）海洋的自然环境

20 世纪中期以来，谭其骧、张修桂和满志敏等历史地理学家先后复原了历史时期的海陆变迁，包括海平面的升降、海岸线的伸缩以及河流入海口的造陆运动，其结论可以帮助未来的大型工程免遭海浪侵蚀。①这些海陆变迁过程往往伴随着渔村和渔港的兴废，本书主要关注海洋自身的大气和洋流运动，特别是气旋、寒潮及其次生问题等构成的灾害链条。

1989—1999 年曾经被美国国会标榜为“人类战胜灾害的十年”，具有讽刺意味的是，在此期间却发生了 10 次重大的自然灾害，包括 7 次飓风。泰德·斯坦伯格（Ted Steinberg）的《天灾：美国自然灾害的非自然历史》（*Acts of God: The Unnatural History of Natural Disaster in America*）批判说，美国政府和商界领袖的应灾决策仅仅考虑自身的利益，让贫民、老人以及少数族裔承受更多的风险和损失，尽管这些社会底层人士比富人更好地保护着大自然。通过分析飓风的时空范围和受害群体的历史变化，斯坦伯格深刻地揭露了美国阶级权利的不平等。为了掩饰这种阶级差异，政府官员往往将灾害归咎于“上帝的旨意”。②

在路易斯·佩雷斯（Louis Perez）笔下，19 世纪 40 年代发生的几次飓风影响了古巴的经济、社会和政治状况，加速了其国内种植园经济形成，改变了古巴与西班牙之间的从属关系，很多与飓风相关的文化和艺

---

① 谭其骧：《长水集》下册，人民出版社 1987 年版，第 141—192 页；张修桂：《中国历史地貌与古地图研究》，社会科学文献出版社 2006 年版；满志敏：《两宋时期海平面上升及其环境影响》，《灾害学》1988 年第 2 期，第 73—80 页。

② Ted Steinberg, *Acts of God: The Unnatural History of Natural Disaster in America*（New York: Oxford University Press, 2000）.

术也随之诞生。[①] 佩雷斯暗示，来自加勒比海的飓风是塑造现代古巴国家的自然力量之一。

2005 年，“卡特里娜”（Hurricane Katrina）飓风袭击了美国南部的路易斯安那州，给密西西比河口的新奥尔良带来泛滥的洪水。克里格·科尔滕（Craig E. Colten）的《危险的地方，强大的风暴》（*Perilous Place, Powerful Storms: Hurricane Protection in Coastal Louisiana*）记录了美国陆军工程兵部队为应对洪水所做的努力。20 世纪 60 年代，工程兵们即试图建立一种既能应对灾害、又能保持经济增长的防御体系，然而环境挑战、制度漏洞和资金纠纷推迟了该体系的建设进程。直到 40 年后特大飓风来袭时，新奥尔良的风暴和洪水防御体系仍然很不完整。[②] 科尔滕指出，这种失败源自政府官员对现实的政治、经济与文化趋势的偏见和短视。

在中国东南沿海，风暴潮严重影响着乡村民众的日常生产和生活。例如 1166 年，温州沿海平原发生过一场导致巨大灾难的海啸。吴松弟的《1166 年的温州大海啸和沿海平原的再开发》考察了此次海啸的自然成因以及海溢事件之后的社会重建，指出沿海人口与经济的恢复过程离不开闽东北移民的巨大贡献。[③] 冯贤亮的《清代江南沿海的潮灾与乡村社会》对雍正时期江浙沿海的潮灾资料进行考辨分析，探讨潮灾的产生原因与相关特征：一方面，由于传统社会的人们无法抵御大型潮灾，中央政府的赈济又难以实现预期目标，最后不得不仰赖基层官员与民众的自发性救灾活动；另一方面，灾害改变着沿海的生态环境和民众的生产模式，

① Louis Perez, *Winds of Change: Hurricanes and the Transformation of Nineteenth Century Cuba*（Chapel Hill: University of North Carolina Press, 2001）.

② Craig E. Colten, *Perilous Place, Powerful Storms: Hurricane Protection in Coastal Louisiana*（Jackson: University Press of Mississippi, 2009）.

③ 吴松弟：《1166 年的温州大海啸和沿海平原的再开发》，载复旦大学历史地理研究中心主编《自然灾害与中国社会历史结构》，复旦大学出版社 2001 年版，第 421—428 页。

很多耕作者将海潮引入农田，降低了河水和井水的灌溉成本。[①]

相对而言，著名社会经济史学家陈春声则偏重于描述不同人群对潮灾的多样反应。他的《“八二风灾”所见之民国初年潮汕侨乡——以樟林为例》选择了 1922 年潮汕地区一个被风灾袭击的村落，剖析宗族、士绅、商人和华侨等社会群体在承灾强度和救灾努力方面的差异，强调华侨在救灾与灾后重建过程中发挥的作用。这样的视角与斯坦伯格的社会群体分析法有些类似，区别是更加关注具体的人物和行为，而不是社会地位的差异如何造成了所谓的“环境不公正”。[②]

或许是由于人类生活在陆地表面，对波及海岸线以上的“海侵”“海溢”等事件的感受更为强烈。尽管如此，仍然有很多学者将视野转向海岸线之外，考察气旋和寒潮等气象灾害如何影响了历史上的航海、渔业和国际交流。

作为中国海洋社会经济史的开拓者，杨国桢参与撰写并组织出版了一系列论著。其中《东溟水土：东南中国的海洋环境与经济开发》中的一个章节专门提到东海的台风巨浪与帆船海难。作者认为，海难增加了渔业与航海贸易的风险性及其机会成本的不确定性，从而塑造了海上社会群体的悲情意识与冒险进取的海洋精神，以区别于农业生产者故步自封的传统思想。[③]

在汤熙勇、刘序枫和松浦章的联合主持下，来自东亚的几十位学者参与了一项海难研究计划。该计划旨在发掘环中国海的海难资料，包括中国史料（如《钦定大清会典》及则例、事例、明清史料、宫中档历朝

① 冯贤亮：《清代江南沿海的潮灾与乡村社会》，《史林》2005 年第 1 期，第 30—39 页。

② 陈春声：《“八二风灾”所见之民国初年潮汕侨乡——以樟林为例》，《潮学研究》第 6 辑，汕头大学出版社 1997 年版，第 369—395 页。

③ 杨国桢：《东溟水土：东南中国的海洋环境与经济开发》，江西高校出版社 2003 年版，第 91—106 页。

奏折、《清代中朝关系档案史料汇编》及续编)，朝鲜史料(如《备边司誊录》《济州启录》)，日本史料(如《异国物语考译》)，等等。这些史料记录的海难事件涉及航海、捕鱼和造船等行业，反映了官方的救助、抚恤和遣返制度以及漂流者之间的互助行为。在此期间，汤熙勇等人还考察过环中国海国家之间的政治、经济与外交关系。[①]

通过系统地整理和解读历史上的海洋灾害资料，于运全的《海洋天灾：中国历史时期的海洋灾害与沿海社会经济》统计了海洋灾害发生的历史场景和时空分布，进而揭示海洋灾害影响下的经济和社会进程。在这篇博士论文里，潮灾占据了绝大多数篇幅，海啸和海难居次要部分。正如文末指出的那样，潮灾影响着农业、渔业、盐业和航海等行业的发展，同时赋予这些生产活动以深刻的“海洋性”烙印。[②]

李智君的《此岸与彼岸之间——由〈遐迩贯珍〉看19世纪中叶中国民众的海上生活》把海洋比喻为“权力公共地”。19世纪中期，靠近陆地的海域受到口岸城市权力的辐射，而在这个辐射区之外，海盗、奸商和台风等因素决定着移民的命运。在漂洋过海的旅途中，天灾(台风频发)和人祸(客船破损和超载)相耦合，夺走很多乘客的生命。当船舶停靠在大洋彼岸以后，中国移民仍然面临着悲惨的命运。[③]

从研究思路上看，学者们往往首先将海洋灾害界定为破坏性事件，然后再谈论人类重建社会经济与政治秩序的努力。可是正如《风险社

---

① 汤熙勇：《清代中国救助朝鲜难船的方法——以闽台地区为中心》，《清史论丛》2000年号，中国广播电视出版社2001年版，第65—79页；刘序枫：《清代琉球船的朝鲜漂流记录》，载陈硕炫、徐斌、谢必震主编《顺风相送：中琉历史与文化》，海洋出版社2013年版，第123—144页。

② 于运全：《海洋天灾：中国历史时期的海洋灾害与沿海社会经济》，江西高校出版社2005年版。

③ 李智君：《此岸与彼岸之间——由〈遐迩贯珍〉看19世纪中叶中国民众的海上生活》，《清史研究》2009年第4期，第72—88页。

会：走向新现代性》（*Risk Society: Towards a New Modernity*）的作者乌尔里希·贝克（Ulrich Beck）批判的那样，这种“重建—破坏”的模式容易陷入“灾害社会魔咒”，将人类的未来引向一种毫无希望的恶性循环之中。[①] 卡文·罗扎里奥（Kevin Rozario）等社会史学家也强调，灾害本身是一种社会制度的创造与建构过程。在《灾难文明：灾难与美国社会的重建》（*The Culture of Calamity: Disaster and the Making of Modern America*）中，罗扎里奥借用经济学家约瑟夫·熊彼特（Joseph Alois Schumpeter）的“创造性破坏”（Creative Destruction）理论，证明自然灾害——特别是飓风及其附属灾害——如何推动了美国资本主义制度的自我完善。[②]

那么20世纪50年代的中国渔场上存在“创造性破坏”现象吗？答案是肯定的。如同本书第四章揭示的那样，风灾是开发者的步履与传统生产模式之外的环境因素相碰撞的结果：技术变革在把渔船推向远海渔场的同时也增加了渔民暴露于恶劣天气的危险。当风暴降临之际，刚刚迈出传统生产模式的政府管理人员和渔民几乎没有现成的应对经验可循，不过他们很快就找到了同大自然抗争的方式：现代科学和知识宣教改变了传统的应灾模式，受到政府培训的基层人员也成功地领导了一些救灾活动等。人们通过搏击风暴转变着自身的观念与行为：他们在创造中破坏，又在破坏中创造，这种螺旋式上升的过程也许正是社会自我更新的动力之一。

（三）渔业资源的开发、管理与保护

1986年，受到加勒特·哈丁（Garrett Hardin）“公地悲剧”（Tragedy of the Commons）理论的启发，麦克伊沃在《渔民问题》中追溯了美国加州渔业危机的历史成因：作为移民的产物，这里聚居着复杂的种族和人

---

① Ulrich Beck, *Risk Society: Towards a New Modernity*（London: Sage Publications Ltd, 1992）.

② Kevin Rozario, *The Culture of Calamity: Disaster and the Making of Modern America*（Chicago: University of Chicago Press, 2007）.

群，除了新英格兰人的后裔，还有捕鲑鱼的尤罗克人、钓龙虾的中国人以及捉螃蟹的意大利人。商业化捕捞兴起后，加州的渔业资源濒临崩溃。1976年，联邦政府颁布了《渔业保护和管理法案》（*Fishery Conservation and Management Act*，FCMA），然而由于不同人群和政治势力之间的冲突，FCMA最终沦为一纸空文。[①] 麦克伊沃指出，解决公地悲剧必须考虑到社会、群体和阶级等历史遗留问题。在这本书的后半部分，麦克伊沃似乎不愿意相信自己得出的悲观结论，而是寄希望于通过科学的立法和管理消除环境、经济与社会之间的矛盾，这种不切实际的设想遭到很多学者的批判。

对此，大卫·多布斯（David Dobbs）的《大海湾：渔民科学家和复兴世界最伟大渔业的斗争》（*The Great Gulf: Fishermen Scientists and the Struggle to Revive the World's Greatest Fishery*）提供了一个经典的反例：尽管科学家们反复警示缅因州的渔业资源面临危机，新英格兰渔业管理委员会仍然固执己见，以致当地的鳕鱼、比目鱼和其他物种失去了往昔的恢复能力。尽管FCMA尝试将渔业管理中的所有问题都融合到一个新系统之内，但没有从根本上消除原有的决策框架内的冲突与对抗。[②]

倘若科学的管理策略得到地方政府的支持，它是否就能消除了资本家的反对呢？玛格丽特·鲍格（Margaret Bogue）分析说，五大湖沿岸本身属于复杂的人群和文化碰撞区，这里分布着两个国家和八个州，每个湖泊、每条河道以及每段海岸线都有着与众不同的环境和历史。不同国家和州邦之间的生态环境与法律制度的差异，致使当地的渔业管理陷入

① Arthur McEvoy, *The Fisherman's Problem*: *Ecology and Law in the California Fisheries, 1850-1980*（New York: Cambrige University Press, 1986）.

② David Dobbs, *The Great Gulf: Fishermen Scientists and the Struggle to Revive the World's Greatest Fishery*（Washington, D.C.:Island Press, 2000）.

混乱状态。那些拥有巨大的社会、经济和政治权力的渔业公司，可以实施比官方更加有效的资源控制。鲍格更关注市场经济如何弱化了保护者的努力，并最终导致五大湖区渔业的衰落。[①]

相对于竭泽而渔的资本家而言，限制产量的渔民往往被描绘成生态的保护者。事实上，早在 1977 年的《告别最大持续产量的概念》（*An Epitaph for the Concept of Maximum Sustained Yield*）里，拉金（P. A. Larkin）就指出，假如渔民具有表决权，那么很多违背公众意愿的管理策略——无论其本身科学与否，都是很难被接受并形成规范的。[②] 布雷恩·佩恩（Brian Payne）发现，在缅因州的沙丁鱼和鲱鱼渔业中，渔民自身具有双重身份——既是资本家又是保护者。其保护行为与其说是降低产量，还不如说是控制产量以维持对地方经济的控制。[③] 不仅如此，一些渔民也在自发地抵制科学的管理策略。比如，维多利亚·海特陶尔（Victoria Penziner Hightower）的研究表明，南部波斯湾和阿拉伯湾的珍珠资源崩溃并非由于过度捕捞、水域破坏或者工业开发，而是当地的采珠人拒绝采用现代管理技术。[④] 维拉（Vera Schwach）讲述了挪威沿海的渔业故事：随着 1969 年的鲱鱼产量下降，挪威政府尝试发展海洋科学，推广先进的资源管理模式。可是在整个 20 世纪 70 年代，渔民对经济利益的追逐仍然远远超过对生态系统的关注。[⑤] 这些结论暗示着，不能根据渔民的某些

---

① Margaret Bogue, *Fishing the Great Lakes: An Environmental History, 1783-1933* （Washington, D.C.: University of Wisconsin Press, 2000）.

② P. A. Larkin, “An Epitaph for the Concept of Maximum Sustained Yield,” *Transactions of the American Fisheries Society* 106（January 1977）:1–11.

③ Brian Payne, “Local Economic Stewards: The Historiography of the Fishermen’s Role in Resource Conservation,” *Environmental History* 18（January 2013）: 29–43.

④ Victoria Penziner Hightower, “Pearls and the Southern Persian/Arabian Gulf: A Lesson in Sustainability,” *Environmental History* 18（January 2013）: 44–59.

⑤ Vera Schwach, “The Sea Around Norway: Science, Resource Management, and Environmental Concerns, 1860–1970,” *Environmental History* 18（January 2013）: 101–110.

保护行为，就错误地将经济道德完全等同于生态道德。

无论探讨什么是科学的资源管理，还是由谁来管理资源等问题，学者们的潜台词似乎都是科学即保护，而破坏者永远站在科学的对立面。约瑟夫·泰勒却反对夸大技术与管理的作用。泰勒的《鲑鱼》告诉人们，过分迷信技术必然会遭受失败：19 世纪晚期，采矿、伐木、放牧、灌溉、渔业和城市化等复杂问题导致北美的鲑鱼栖息地大片消失。科学家们提出放流养殖的方案，将鲑鱼的种苗播撒到全美各地的水域。经过半个多世纪的放流，鲑鱼不仅没有恢复，反而面临着区域性的种群灭绝。① 泰勒强调说，忽略生态与社会的联合效应，纯粹地依赖技术和管理，是不可能解决资源危机的。

在很多场合，公地的界定不应该囿于狭隘的空间概念。穆盛博（Micah S. Muscolino）的《近代中国的渔业战争和环境变化》（*Fishing Wars and Environmental Change in Late Imperial and Modern China*，2015 年由江苏人民出版社出版了胡文亮的汉译本，我们在正文中简称为《渔业战争》）记录了 20 世纪前期中国舟山渔场的渔业争端。清朝末年，大量的捕鱼者纷纷迁入舟山群岛，各捕捞群体之间为争夺资源而发生争吵，甚至酿成暴力冲突。在黄海另一端，明治维新以后，日本的渔业得到迅速发展。为了转移近海鱼类资源的压力，日本渔船在 20 世纪 20 年代闯入中国的黄海和东海捕鱼。国民政府援引国际海洋法，捍卫自身的海洋国土主权，然而 3 海里限制也妨碍了中国渔民的捕鱼权。在谈判破裂的情况下，中日双方通过增加捕捞量展开竞争，最终达成了以对海洋资源

---

① Joseph Taylor Ⅲ, *Making Salmon: An Environmental History of the Northwest Fisheries Crisis*（Seattle: University of Washington Press,1999）.

产生持续性破坏为代价的妥协。[①] 就像候鸟和羚羊一样，鱼类的洄游路线往往跨越了不同国家的领海，因此保护流动的鱼群往往比保护固定的渔场更为困难。

当然还有不少学者否认公地悲剧是渔场上的普遍现象。埃莉诺·奥斯特罗姆（Elinor Ostrom）发现，历史上的缅因州以盛产龙虾闻名。20世纪前期，滥捕滥捞致使龙虾的资源量下降。当地渔民自发地调整捕捞的时间、区域和产量，从而避免了更为严重的生态破坏。奥斯特罗姆宣称，政府管理和市场调控固然可以消除无秩序的开发状态，但它们并不能完全替代开发者的自我调适能力。[②] 无独有偶，詹姆斯·艾奇逊（James Acheson）同样找到了不符合现代公地悲剧的基本要素——商业捕捞和群体矛盾的资源崩溃案例：缅因州没有对捕虾业的法律限制，捕捞者可以轻易得到许可证。沿着海岸线，捕龙虾的渔民结成很多“码头帮”，他们各据一方，阻止其他人挤占自己的领地。直到20世纪70年代，那里还没有商业化捕捞，只有季节性的捕虾船，然而龙虾种群也面临着威胁。[③] 这些事实表明，即使那些私有、同时远离商品经济影响的非公共海域，渔业资源仍然有可能被捕捞殆尽。

如果说20世纪的海洋环境史学家的视野往往局限于某片渔场或者某个物种的危机，那么在《死亡之海》里，博尔斯特把酷渔滥捕的根源追溯到大航海时代，讲述了持续数个世纪的纽芬兰渔场的毁灭史：16世纪，新英格兰渔民从满目疮痍的东北大西洋来到纽芬兰渔场，向土著维京人

---

① Micah S. Muscolino, *Fishing Wars and Environmental Change in Late Imperial and Modern China*（Cambridge: Harvard University Asia Center, 2009）.

② Elinor Ostrom, *Governing the Commons: The Evolution of Institutions for Collective Action*（New York: Cambridge University Press, 1990）, pp.18–21.

③ James Acheson, “The Lobster Fiefs: Economic and Ecological Effects of Territoriality in the Maine Lobster Industry,” *Human Ecology* 3（1975）: 183–207.

传播征服自然的观念，迫使后者放弃了可持续性的原始渔业。19 世纪晚期，受到技术革命的冲击以及经济利益的驱动，商业化捕捞的进程开始加快，这是一场生态灾难的前奏。经过几代人的酷渔滥捕，这片原本富饶的渔场逐渐丧失了生机。[①] 博尔斯特试图揭示一种跨越历史、空间和人群的整体联系，将短期和局部的渔业危机放入更广阔的时空框架内考察。

毫无疑问，以公地悲剧为代表的“开发—破坏—保护”模式在西方取得了巨大的成功。《渔民问题》等著作所隐喻的无秩序的开发管理导致的资源崩溃现象，已经引起了渔业机构的普遍关注。遗憾的是，很多环境史学家似乎踏上了同一条道路：他们把发生在不同的时代、地域和文化背景下的环保案例，都编织在一个雷同的故事模式里——从资源破坏到公众抗议，再到官方的政策保护，一些卓有见识的学者将其定义为衰败论或者破坏论。[②] 当前的批判仍然停留在认知领域，需要更多的学者进行实证研究。

如果切换到人文视角，重新赋予开发者一个能动的、有计划的主体地位，那么研究者将有可能取得新的认识：渔业是生产者接触某种鱼类并发现其价值，螺旋上升到自主开发，最终对开发活动实施管理的过程。过分地将渔业开发与破坏事件相联系，或许就掩饰了社会进步的本质。因此，对“开发—破坏—保护”的衰败论模式的批判，完全可以由书写者指向当事者，这并非基于对西方式叙事模式的审美疲劳，而是对真实历史事件的回顾与反思。

---

① W. Jeffrey Bolster, *The Mortal Sea: Fishing the Atlantic in the Age of Sail* (Cambridge: Harvard University Press, 2012) .

② Ted Steinberg, “Down, Down, Down, No More: Environmental History Moves beyond Declension,” *Journal of the Early Republic* 24 (2004) : 260–266; 侯甬坚：《“环境破坏论”的生态史评议》,《历史研究》2013 年第 3 期，第 25—34 页；钞晓鸿：《深化环境史研究刍议》,《历史研究》2013 年第 3 期，第 4—12 页。

本书第五章考察了20世纪50年代胶东地区的渔业资源保护政策。这些政策的目标并非回应现实或潜在的资源危机，而是维持一种高度规范性的政治秩序与利益体系，其中某些“排他性”的保护政策（最典型的是海参保护法令），或许应该接受环境正义的考问。只有关注并研究更多渔业资源故事里的时间、地域和人群的独特性，才能真正摆脱“开发—破坏—保护”的衰败论循环。

（四）海洋社会经济史

西方的海洋环境史学家虽然时常谈论社会经济问题，但最终往往会通向渔业资源管理和保护的道路。而中国历史学家则更多地受到社会经济史的研究理念的影响，后者的研究内容比较宽泛，不仅包括狭隘的渔业经济。当然，这并非一种绝对意义上的区分，它更多地反映了程度差异。

海洋社会经济史的雏形可以追溯到清朝末年。沈同芳的《中国渔业历史》考察了自发端时期到清朝末年的中国渔业，还对几种当时流行的渔具渔法加以介绍。[①]1936年，李士豪和屈若搴的《中国渔业史》探讨了中国的渔政设施、渔业试验与调查、水产教育、新式渔业的沿革及其进展、水产贸易、国际渔业交涉与外轮侵渔以及渔盐制度等问题。相对于短短几十页的渔业历史回顾，这部书的重点放在渔业的现状上，包括20世纪20—30年代水产学校的成立、机轮拖网的普及、养殖业的兴起以及日本侵渔等重大事件。丛子明、李挺的《中国渔业史》以1949年为界限，把中国渔业划分为史前、夏商周、秦汉至唐宋、元明清和晚清至民国以及新中国成立后几个不同的历史阶段，其内容涵盖了渔业的政策、技术乃至资源保护等，最后还提到影响渔业发展的人物及其事迹。这些著作没有详尽区分海洋渔业和淡水渔业，它们对渔业经济和渔民社会等问题

① 沈同芳：《中国渔业历史》，（上海）江浙渔业公司，1911年。

有一些涉猎。

20 世纪 90 年代，杨国桢带领他的团队倡导并开拓海洋社会经济史研究。长期以来，陆地本位主义思想一直占据着统治地位——人们曾经以大陆为中心，把陆上世界描述成人类文明的诞生、演变和发展的舞台，通过自然条件和生产活动的差异划分农耕带与游牧带，而海洋仅仅是联系不同文明的纽带或通道。与此相反，该团队呼吁建立海洋本位主义思想，这种思想要求人们将海洋世界视为人类的实践活动和文化创造的空间，重视其与农耕世界和游牧世界之间的联系，揭示海陆文明由分散最终走向一体的历史进程。[①] 从 1998 年开始，在“海洋与中国”丛书和“海洋中国与世界”丛书出版计划的资助下，很多优秀的海洋社会经济史著作陆续问世。正如一些学者评论的那样，这项工作勾画出中国海洋开发利用中的成就与艰辛，也构建了海洋社会经济史研究的基本板块。[②] 考虑到本书的研究主题，我们只列举其中与渔业经济和渔民社会密切相关的几部作品。

对于海洋社会经济史来说，《东溟水土：东南中国的海洋环境与经济开发》是一部标志性论著。作者将东海海区与闽台海岸带划分为一个独立的海洋区域单元，考察海洋生态环境的变化、捕鱼人的日常生活以及海岛居民的生存方式。从社会经济史上看，该书立足海洋本位，矫正重陆轻海的偏向，尝试将海洋产业剥离出农业、工业、商业、交通等陆地部门分类，复原海洋区域经济的历史面貌。从环境史上看，《东溟水土》最后提到临海工业与港市兴起所带来的生态影响，这大概是国内的海洋

① 杨国桢：《论海洋世纪与海洋史学》，《中国海洋报》2005 年 7 月 26 日，第 3 版。

② 王日根、宋立：《海洋思维：认识中国历史的新视角》，《历史研究》1999 年第 6 期，第 170—179 页。

史学家首次论述近现代工业发展的次生环境问题。[①]

比起传统的渔业史研究，海洋社会经济史的重要特征之一是关注社会人群。欧阳宗书的《海上人家：海洋渔业经济与渔民社会》[②]以渔民社会为核心，通过海洋渔业活动和其他海洋产业两条相互关联的线索，考察历史上渔村的组织形态、生产方式和生活习俗，探寻个体渔民的经济行为以及渔业社会的演进轨迹。明清时期的海洋渔业通常被认为是倒退的，但欧阳宗书却指出，明清时期，由于人口增长的压力、劳动力的剩余、渔具渔法的发展以及渔禁政策的桎梏，渔民被迫从事远海渔业和养殖业，这是传统渔业迈向现代化的前奏。

如果说早期的海洋社会经济史仍然偏重对南方沿海渔村的探讨，特别是地瘠民贫、背山面海、主要依靠渔业谋生的南方沿海，那么杨强的《北洋之利：古代渤黄海区域的海洋经济》则选取了北方，考察古代黄渤海地区的历史发展——包括陆海环境、海洋渔业、海洋盐业、海洋运输、海洋贸易与海洋社会等方面的基本情况。[③]该书尝试建构以环渤海为中心的社会经济史，修正此前的学者过分关注南中国海的缺陷。

海洋社会经济史研究同样引起其他学者的关注。王赛时的《山东沿海开发史》介绍了从石器时代到中国封建王朝结束的山东沿海开发过程。这部书以9个不同的时段为线索，建构“初步开发—缓慢发展—全面开发”的历史进程。作者在肯定文明成果的同时，也批判了滞后与保守的负面因素。例如，清初的禁海政策致使海上交通往来被阻断，人们征服和开拓海洋的进取观念也随之淡化。[④]

---

① 杨国桢：《东溟水土：东南中国的海洋环境与经济开发》，江西高校出版社2003年版。
② 欧阳宗书：《海上人家：海洋渔业经济与渔民社会》，江西高校出版社1998年版。
③ 杨强：《北洋之利：古代渤黄海区域的海洋经济》，江西高校出版社2005年版。
④ 王赛时：《山东沿海开发史》，齐鲁书社2005年版。

与自下而上的对渔民社会的研究不同，考察渔政制度的学者们更关注封建国家如何征收渔税以及管理渔户。中村治兵卫的《中国渔业史研究》追溯了从唐宋到明清的渔政制度的变迁，其中涉及唐朝的渔业政策、宋朝的渔税鱼利钱、明朝的渔课和河泊所等关键问题。[①] 尹玲玲则以河泊所为切入点，探究明代渔政的兴替。洪武年间，明太祖在全国各地建立了密集的河泊所，并设有专门的办公公署和河泊官、攒典等专吏。宣德以后，渔业生产随着河湖淤浅、围湖圩垦等原因走向没落，明廷开始大量地裁并河泊所和缩减河泊官员。[②] 这种演变反映了环境与制度之间的密切关系。

此前已经提到，中国的海洋社会经济史不同于西方的海洋环境史。虽然两者有某些共同的研究对象，然而关注的核心问题却大相径庭。西方海洋环境史的主题是渔业资源，学者们经常揭示失败的开发模式和管理政策如何破坏了海洋生态环境，致使原本丰富的渔业资源逐渐走向匮乏。相反地，中国学者大都遵循海洋本位思想，侧重于考察与海洋密切联系的政治、经济和观念变革，强调“以海洋经济为主，又不忽视海洋社会人群和组织”的理念。[③] 在史料方面，北美土著人的渔业活动几乎没有系统的记载，从说英语的新英格兰移民迁入开始，渔业资源就处在难以逆转的破坏之中；而中国的历史更加悠久，留下了大量记录渔业生产的文字资料。海洋社会经济史学家主要探讨传统社会的渔业，那时的资源破坏比现代要轻微得多，所以中国海洋史学界的“衰败论”也不像西方那么普遍。

---

① 中村治兵卫:《中国渔业史研究》，刀水书房 1995 年版。

② 尹玲玲:《明代的渔政制度及其变迁——以机构设置沿革为例》,《上海师范大学学报》2003 年第 1 期，第 96—103 页。

③ 张丽、任灵兰:《近五年来中国的海洋史研究》,《世界历史》2011 年第 1 期，第 118—127 页。

当然，如果能够吸收西方学者的资源关怀意识，海洋社会经济史研究也许会变得更加广阔而深入。当代日益严峻的酷渔滥捕和生态崩溃等资源危机，都可以从历史上找到源头或者教训。如果我们抱着置身事外的态度，仅仅从历史进程谈论经济行为与社会建构，同时把海洋资源及其相关的权力、法律和伦理视为政治问题，扔给其他领域的学者去思考，就割裂了历史与现实的联系，从而削弱研究本身的价值。

在继承社会经济史的视角方法的基础上，本书引入西方环境史的资源维度。例如，第三章以 20 世纪 50 年代山东荣成地区的捕鲨计划为例，从新的维度评价资源开发的方式与效应：首先，揭示资源禀赋的各项特征如何影响到开发的政策导向，即当渔民从事捕鲨活动时，政府在资源禀赋基础上，对资本和流通环节作出引导或者干预；其次，在评价开发后果上，不再以建构雷同的“开发—破坏”模式为取向，而是尝试将产业发展与其社会效应——生产方式和职业结构的变化联系起来。再比如，第六章提到，20 世纪 50 年代初期的初级渔业社自身的生产和经营模式存在缺陷：一方面，相似的产业结构和分散的集资模式造成了渔场纠纷；另一方面，股份制的分配原则与集体化的经营目标之间发生冲突，造成渔获物收购的困难。通过组建的高级合作社，胶东渔村解决了渔场争端并结束了收购战，从而适应新的社会制度与技术条件下的支配环境与资源的需求。

（五）渔业与社会性别

1990 年，《美国史杂志》（*The Journal of American History*）刊登了卡洛琳·麦茜特（Carolyn Merchant）的《性别与环境史》（*Gender and Environmental History*）。麦茜特指出沃斯特的环境史概念忽略了性别分析，男女两性的生产方式差异决定着其与环境之间的不同联系。在“采集—狩猎—捕鱼”的原始经济体系中，当环境恶化之际，女性往往决定着何时迁往他处。农业社会来临后，妇女一度是主要的耕种者，然而男性主导的市场经济的发展使她们失去了对农田的掌控权。尽管不再经营种植业，妇女仍从事着挤奶、喂鸡和种菜等劳动，与男性共同接触着自然环境。到了工业化时代，随着男人接管乳业以及家禽的饲养和运输，妇女被剥夺了户外劳动的机会，与自然界分离开来。20世纪后期，美国妇女开始参与环境保护运动，很多女性作家笔下的自然受到公众的普遍关注。[①]

以麦茜特为代表的生态女性主义者回顾了妇女与自然在“男性化”的文化要素支配下，逐渐沦为被奴役对象的过程。这些研究旨在揭露现代社会对女性及环境的双重压迫，控诉女性所遭遇的“环境不公”，从而将妇女塑造成生态保护者的形象。遗憾的是，麦茜特的经验主要来自陆地生产方式，她只是浮光掠影地提及捕鱼活动和水域保护，很少关注具体的渔业生产。渔业社会中的性别分工和妇女角色，似乎不太符合生态女性主义的基本论调。

首先，在远离商业化浪潮的渔业社会里，妇女并没有彻底丧失经济和社会关系中的话语权。很多渔村都存在父权制与母权制的转换现象，其动力往往源自女性日益远离的自然界。阿芭芭·克里斯纳（Apurba Krishna Deb）、艾木德·哈奎（C. Emdad Haque）和雪莉·汤普森（Shirley Thompson）考察了孟加拉沿海的一个信仰种姓制度的印度教村落，检视村落中的性别动态，特别是女性角色的微妙变化。这个村落里的一部分妇女为出海的渔民养育子女和照料家庭，另一部分从事渔业劳动，其社会地位远远低于男性渔民。农村社会的父权制特征——诸如教育的差异、信仰的对立以及贫困的窘境等，都深刻地削弱了女性发出的声音。考虑

① Carolyn Merchant, “Gender and Environmental History,” *The Journal of American History* 76 (March 1990): 1117-1121.

到政治层面的性别平等，孟加拉国政府应该关注和尊重女性渔民。与此同时，孟加拉沿海的父权制看似根深蒂固，却存在相对薄弱的链条——每当男性出海捕鱼的半年间，父权制就季节性地转换成母权制。克里斯纳等人总结道，人们不必刻意追求现实中的性别平等，因为妇女权利的回归往往隐藏在生态环境的演变以及人类社会的适应之中。①

从性别分工的角度说，想要把妇女的劳动场所完全剥离出自然也不切实际。渔业两性合作起源于自然界赋予人类的天性和本能，即身体健硕的男性出海捕鱼，而相对柔弱的女性则从事岸边劳动。1998 年，米莉亚姆·怀特（Miriam Wright）追溯了纽芬兰渔场性别分工的历史。20 世纪中期以前，当地的腌渍鳕鱼干逐渐成为欧美市场的畅销货，这种鱼干的生产依赖于整个家庭的努力。渔村里的男人乘船出海，而妇女负责切割、撒盐和晾晒。当然，这种性别分工比较灵活，男人有时会帮忙做岸边工作，女人也偶尔会下海捕鱼。随着机械化渔业的发展，政府试图采用切割机、烘干机等设施替代妇女的劳动任务，创造一种“年轻男人加机器”就能完成的渔业模式。但事与愿违，当地的年轻男人抵制机械化渔业，宁愿沿袭传统的生产方式和性别分工，妇女仍然从事着海滩上的劳动。②

退一步讲，即使现代女性的劳动场所被局限在家庭之内，她们的日常经济收入仍然与自然界藕断丝连。人们普遍认为，当环境恶化威胁到渔业活动时，最大的受害者是掌控着户外劳动和市场经济的男性渔民。而尤金纳·皮扎－洛佩兹（Eugenia Piza-Lopez）却发现，渔村妇女的境遇和发展所受的影响同样不容小觑。洛佩兹调查了位于菲律宾拉古纳海

① Apurba Krishna Deb, C. Emdad Haque and Shirley Thompson, “Man Can’t Give Birth, Woman Can’t Fish: Gender Dynamics in the Small-scale Fisheries of Bangladesh,” *Gender, Place & Culture* 22（March 2015）: 305-324.

② Miriam Wright, “Young Men and Technology: Government Attempts to Create a ‘Modern’ Fisheries Workforce in Newfoundland, 1949-1970,” *Labour/Le Travail*, 42（Fall, 1998）: 143-159.

湾（Laguna de Bay）沿岸的一个村庄：20 世纪 60 年代，沿岸工厂向海水里排放有毒物质，造成鱼类资源的衰减。继之而来的是商业化捕捞的破坏：人们用拖网清扫海底的产卵场，有相当比重的幼鱼作为附属品被捕获。20 世纪晚期，政治家和军人趁机扩张其私人养殖区，控制着大面积的海岸线和近岸水域，几乎摧毁了当地的浅海渔业。渔村里的男人们要么放弃捕鱼，要么转向远海。以往从事鲜鱼加工销售以及提供渔具投资的妇女，最终沦落为小商店的店主或者卖熟食的摊贩，同时负责照顾儿童和种植菜园。洛佩兹强调，生态恶化和资源崩溃同样会降低女性的经济地位，特别是那些依赖渔业及其相关副业谋生的渔村妇女。①

重返生态女性主义者笔下，代表自然的女性与代表文化的男性之间存在某种程度的对立。然而以历史的眼光看来，这种自然、文化和性别的联系未必适合描述中国的情况。我们承认有关女性与自然的隐喻是古代东西方共有的，真正的差别出现在资本主义时代：近代科学的诞生、工业革命的进展、生态环境的危机以及日益深重的男性对女性的压迫，这一连串的事件都发生在短短几个世纪里。西方人看待这些事件的方式往往是基于时间的巧合性，而不是逻辑的相关性。早在 1978 年，玛蒂埃（Nicole-Claude Mathieu）等人就反对将欧美社会赋予妇女与自然的联系照搬到东半球。②特别是环境史学家，更应该谨慎地界定西方理论的适用范围。

本书第七章考察了近现代胶东渔村的性别分工和妇女角色的演变，探讨其中的资源、政策与技术等要素的影响，这一过程并未伴随着生态

① Eugenia Piza-Lopez, "After the Fisheries: The Story of Sinalhan," *Focus on Gender* 1 (February 1993) : 45-49.

② Nicole-Claude Mathieu, "Man-Culture and Woman-Nature?" *Women's Studies International Quarterly* 1 (1978) : 55-65.

女性主义者一再强调的、男性对女性的支配和压迫。20世纪中期，以技术和政策为代表的“文化要素”与自然界的资源变化共同作用，改变着乡村妇女劳动形式，给予她们更高的经济和政治地位。与生态女性主义者相反，我们致力于展现自然、文化和性别之间的和谐交融。

三、研究内容与思路

本书借鉴资源和社会经济的双重维度，考察20世纪50年代胶东渔场的渔业转型。

在第一章对胶东渔业的自然环境和历史发展进行简要介绍之后，本书围绕资源争端与“公地悲剧”，资源开发的方式与效应，自然灾害与社会重构，资源保护与政府权力，资源禀赋与政治改革，以及资源、技术和政策与社会性别关系等问题展开论述。

海洋环境史学家几乎言必称麦克伊沃的《渔民问题》，本书第二章就是对麦克伊沃“公地悲剧”模式的反思。通过回顾历史上的黄海渔业争端，我们指出公地并非一个狭隘的空间概念。在传统的宗藩时代，来自宗主国的中国渔民到黄海东岸捕鱼，形成以空间为主的海上公地形态；到了殖民体系下，掌握先进技术的日本船队在中距离海域酷渔滥捕，侵夺近海的中国渔民的收益，并且保持着渔权交涉中的强势地位，此时的公地争端由固定的渔场转向流动的资源；20世纪中期，独立国家纷纷把渔场推向远海，通过实际捕捞力量决定公共渔业资源的归属。我们强调，所谓的“历史延续性”意味着一种长时间和跨区域的复杂变化。正因为如此，解决公地争端不仅需要抽象的经济理论和生物模型，同时必须考虑资源变动、国力博弈和技术革新等要素的影响。

现代资源开发的后果并非纯粹的生态破坏。本书第三章关注了一项成功的渔业开发案例，即20世纪50年代荣成地区发展的捕鲨计划。为说服渔民从事捕鲨业，渔业机构在生物属性、产量波动和气象灾害等资源禀赋的基础上，对资本和流通环节作出了适当的引导或干预。渔业机构利用借贷来提供建造渔船和购买网具的资本。鱼肝油企业和渔民之间以水产公司为中介形成了统购链条。当工业需求改变和产品质量差异破坏了捕鲨业的成本与利益平衡时，政府的调控之手就开始发挥作用。捕鲨活动的发展带来明显的社会效应：渔业替代了季节性的种植业，传统的夏季渔业也逐渐地向捕鲨业过渡。

开发资源的过程不可能一帆风顺。当人类的步履同传统生产模式之外的自然环境相碰撞时，他们也许会遭遇前所未有的灾害挑战。本书第四章讲述了 20 世纪 50 年代胶东渔民应对海洋风暴的历史。一方面，技术与工具的革新把渔船推向远海渔场，在提高渔业产量的同时，也增加了渔民遭遇海洋风暴的危险。另一方面，现代气象科学使传统的灾后治理演化为完整的应灾链条，知识宣教改变了公众的传统观念，受到政府培训的基层人员逐渐成为应灾活动的领导者。就像熊彼特提到的“创造性破坏”现象一样，如果说灾害带给人们惨重的生命和财富代价，那么它又何尝不是一种推动社会自我变革的力量？

保护政策都是对现实或潜在的资源危机的回应吗？为了反击这种“衰败论”叙事，我们在第五章考察了新中国成立初期胶东渔场的资源保护政策，其中的很多政策属于高度规范化的政府权力的产物。例如，海参保护法令主要采用规定禁捕期、限制规格以及设置保护区相结合的办法，这并不能阻止稚参的大量捕捞。在资源量有限的情况下，保护海参是为了最大限度地满足官方的捕捞和维护经营权。事实上，新中国成立后采取的很多资源保护政策与衰败论者所持的“破坏—保护”模式不同，其目标是维持一种开发秩序与利益体系。

如果说渔业合作化源自多重因素的合力，那么撇开意识形态诉求，资源扮演着什么角色？本书第六章探讨的是资源禀赋如何参与了社会改革的“合力”。首先，初级渔业社具有相似的产业结构和分散的集资模式，当定置渔具膨胀起来时，村社之间就会围绕近海渔场产生纠纷；其次，在初级合作社内部，股份制的分配原则和集体化的经营目标之间产生了冲突，最终导致合作社在抢鱼战中落败。事实表明，资源问题是初级渔业社演变的动力之一，这种动力与意识形态因素相结合，把渔村和渔民推入了高级合作化的浪潮。

渔业转型以怎样的方式影响着社会性别关系？与种植业上的暴风骤雨般的土地改革相比，渔业中的“性别革命”似乎来得比较迟缓。本书第七章追溯了渔村妇女自摆脱男性主导的渔业分工以来，直到 20 世纪 50 年代末参与合作化生产，实现经济与政治地位转变的过程。我们无意重复西方学者所宣扬的两性对立，而是将女性的境遇和发展融入一个更广阔的舞台进行考察，揭示资源变动、技术发展以及政策演进对渔村妇女解放的意义。

最后，本书总结渔业转型如何影响着生态与社会的交融方式。当渔民由渔业资源的采集者转变为掌控者时，他们看待环境、产业以及丰歉的观念也随之变化。面对有关可持续与非可持续、极限与非极限的激烈争论，环境史学家恐怕只能保持谨慎的乐观态度。

四、资料来源和概念界定

（一）资料来源

1. 渔业档案

本书的核心资料来自烟台、蓬莱、牟平、威海、荣成、石岛、乳山、海阳、莱阳和文登等地的渔业档案。这些档案不仅跨越了 1901—1972 年半个多世纪的时间，还有着显著的区域差异：例如，“半渔半农”的牟平县与高度依赖渔业的荣成县之间，渔业生产、发展计划和政治改革并非完全相同。即使是同一个地区，水产工作的各项进展也有显著的年度差异：在渔业产值最高的荣成县，1951 年的一卷渔业档案里装着 2 份水产计划、2 份产量报表、3 份会议纪要、4 份暴风预警、2 份资源保护条例和 12 份渔业合作化指示。而 1957 年居然存有三卷渔业档案，涉及增产计划、鱼价调控和渔业模范评奖等日常工作，除了 27 份通知、17 封信函和 100 多页报奖材料外，还有大量的规定捕捞权限、渔业贷款、船舶统计和政治宣教的文件，附带着几张插图和黑白照片。总之，这些渔业档案全面地提供了产量数据、渔业技术以及管理制度等，以此为切入点，结合其他文献，能够帮助人们构建出某些完整的事件序列，从而深化现有的海洋环境史研究。

2. 古籍和地方志

早期的古籍中留下了有关鱼类、渔具渔法和渔业制度的丰富记载，比如郝懿行的《记海错》、郭柏苍的《海错百一录》等。传统地方志里的《物产志》经常提到鱼类的汛期和习性，而《地理志》和其他一些插图里也标明了岛屿和渔村的位置，还有《风俗志》等部分则涉及风俗与信仰，等等。整体上看，古籍和地方志的记载似乎偏重于海洋环境特别是人文环境、各类水产和信仰风俗等。现代地方志（包括专业志）在继承传统的基础上，内容方面有所拓展，例如《胶澳志》就有专门的《渔业志》，介绍 20 世纪前期的新式机轮渔业和冰鲜技术。

3. 报刊资料和图书

相对于古籍和地方志，近现代的图书报刊更多地关注渔民生活、渔村经济和渔业社会。本书搜集了大量的报刊资料，其中既有《申报》《大公报》等长期存在的著名报刊，又有《齐鲁劝业旬刊》等创办不久即告停刊的报纸，还有偏重于水产本身的《山东水产导线》等。引用的图书资料包括李士豪的《中国渔业史》《中国海洋渔业现状及其建设》等公开出版物，以及王品三的《烟台渔业汇编》等内部资料。

（二）时间和概念界定

本研究的时间段主要界定在中华人民共和国成立初期，即 20 世纪 50 年代。无论从资源、技术还是政策上看，这一时期都经历着急剧的转型，而转型本身也伴随着政治、经济以及社会观念的连锁反应。但是，海上公地、女性解放等的历史进程相对缓慢，它们的演变不可能是短短几年的事情，往往需要向前追溯到近代乃至明清时期。

至于环境这一概念问题，正如专家们指出的那样，环境的概念本身“有其语境、已有基础和预设前提”[①]，“当人们谈到环境时，均有一个不言自明或需说明的特定主体，脱离主体的环境是不存在的。主体不同，则环境的内涵与外延有所不同，这也反映在不同的学科之中”[②]。一方面，在考察整体性的社会行为时，我们将环境界定为狭隘的自然生态系统。正如魏乐博（Robert Weller）和包弼德（Peter Bol）指出的那样，国家政权的命运和社会成员的福祉往往与其外部环境密不可分。[③] 另一方面，在探讨政治改革、经济发展和资源保护等微观话题时，自然、资源、技术、政策和文化之间构成了彼此交融和影响的外部环境，那么请容许我们将某项要素之外的自然与社会因素共同定义为一个宽泛的“大环境”概念。至于其他专有名词，我们在正文中进行必要的解释。

① 钞晓鸿：《环境史：学科交融与侧重》，《读书》2011 年第 11 期，第 25—31 页。

② 钞晓鸿：《深化环境史研究刍议》，《历史研究》2013 年第 3 期，第 4—12 页。

③ Robert Weller and Peter Bol, “From Heaven-and-Earth to Nature: Chinese Concepts of the Environment and Their Influence on Policy Implementation,” in Michael B. McElroy, Chris P. Nielsen and Peter Lydon ed., *Energizing China: Reconciling Environmental Protection and Economic Growth* (Cambridge: Harvard University Press, 1998), p.474.

第一章　胶东渔业的环境、资源和历史

第一节　自然环境

一、陆地环境

用卫星地图俯瞰，胶东半岛的东、南、北三面被蔚蓝色的海水环绕着。半岛西端与山东腹地之间原本有一道狭窄的走廊。13 世纪后期，人们凿穿了低矮的大泽山分水岭，用运河把南侧的沽河和北侧的胶河连接起来，胶东半岛被分隔成一个独立的地理单元，通过西部边界上的几座跨河桥梁维持着与内陆的联系。

半岛被大面积的山地和丘陵覆盖着。位于中央的是有“胶东屋脊”之称的昆嵛山脉，沿着“屋脊”的正中心，牙山、艾山、罗山和大泽山等山脉向四面辐射。在群山的环抱中，自然地围合成数十个盆地，包括著名的桃村盆地、胶莱盆地和莱阳盆地。海拔 1133 米的崂山主峰是胶东半岛的最高点，它与山体基部的相对高差超过了 700 米。山体主要由花岗岩构成，混杂着次生的页岩、砂岩和石灰岩。人们在山坡上开垦梯田、种植果树，加速了自然风化以及生物积累过程，把疏土和沙砾改造成瘠薄的粗土棕壤土层。

这些起伏的丘陵山地构成了天然的分水岭，其南北两侧分布着不对称的水系：雍正《山东通志》记载称："（黄县）群峰左右，环拱莱山；两水东西，奔流渤海。"[①]山体北侧的大沽夹河、黄水河、辛安河和沁水河流向渤海或北黄海，而另一侧的大沽河、五龙河、乳山河和母猪河注入南黄海。每到夏季，半岛上的河流就迎来汛期，在不到 3 个月的时间里集中了全年 70% 以上的径流量。它们不断剥蚀着山体岩石，把细碎的砂石搬运到河道下游。

经过长年累月的河流冲刷与沉积作用，海滨地带形成了很多宽窄不等的带状平原，其中面积最大的是蓬莱—黄县—掖县平原，它的面积超过了 500 平方公里。达到 150 平方公里以上的还有即青平原、牟平平原和海莱平原。平原上覆盖着成熟的黏质棕壤土层，它们是由粗土棕壤的沉积物进一步发育而成的。这些平原是为数不多的适合小麦、玉米和花生等传统农作物生长的地区。沿着农田向海边继续前行，棕壤土层逐渐演变成盐碱地，碱土表面只能生长碱蓬和杂草。这里排列着数百个沿海村落，其中大部分遵循着盐业、渔业或者半渔半农的经营方式。在历史上，胶东地区的种植业效率并非很高，海洋一直是重要的生活来源，"四塞之国，负海之饶"[②]。地方志的编纂者们承认，如果没有渔业，胶东海岸线上居民的生活可能就要改写了。

再往外越过滩涂和潮间带，就来到 1500 多公里的海岸线上。20 世纪以来，海堤和养殖池等人造景观改变了海滨的自然面貌，很多蜿蜒曲折的海岸变得平直起来。海岸线之外散布着 300 多个岛屿，它们是丘陵地貌在大陆架部分的延伸。很多岛屿都比较孤立，例如象岛、灵山岛和崆峒岛等，还有少数类似于庙岛群岛的岛链。生活在岛上的居民基本上依靠渔业或者养殖业谋生。岛屿和岬角掩蔽着很多天然的港湾。除了烟台港、青岛港和石岛港这样的大型海港，还有石臼港、乳山港、崮山港

① 雍正《山东通志》卷七《形胜志》，雍正七年刻本，第 14 页 a。
② 乾隆《莱州府志》卷一《形势》，乾隆五年刻本，第 16 页 a。

等不计其数的小渔港，它们为海面上的渔船提供了避风的锚地。早在嘉靖年间，这里就被誉为海陆交汇的地理要冲：

> 凭负山海，利擅鱼盐。西有石门之固，东有朱高之险。……南走徐扬，东连辽左。水陆交会，此亦要冲之国也。①

中华人民共和国成立初期，政府保留了战时的胶东行政区，管辖东海、西海、北海和南海4个专区，每个专区又分成几个县。整个20世纪50年代，胶东半岛的行政区划处在频繁的变动和调整之中，我们找到一张1958年的行政地图，从中可以看出位于胶莱河分界线东侧的是烟台、威海的全部和青岛、潍坊的一部分，包括青岛、烟台和威海的市区，以及荣成、文登、牟平、乳山、海阳、莱阳、栖霞、蓬莱、招远、掖县、即墨和长岛等12个县。虽然后来又发生了边界调整，不过基本的政区轮廓却延续下来。

二、海洋环境

1. 温度和盐度

从蓬莱角北端出发，经过庙岛群岛，到达海峡对岸的老铁山角，这就是传统意义上的黄渤海分界线。界线西侧的几个县位于渤海沿岸，而东侧的海岸濒临着更为开阔的黄海海域。黄海自身的水体特性也非常复杂，如果沿着成山角至朝鲜长山串之间的连线对折，“折线”两侧海水的温度和盐度，都表现出显著的区间差异。

整个胶东渔场的水温在0—29℃的范围波动，不同海区的最大温差

① 嘉靖《山东通志》卷七《形势》，嘉靖年间刻本，第14页a。

在 2℃以上。温度值沿着成山角附近的海域向两侧递增，而且内侧的增幅比外侧还要高一些。除了河流入海口，胶东附近海域的盐度值介于 29‰—31‰，各海区的盐度差值在 1‰左右。与水温的分布规律不同，盐度值呈现出顺时针递增的趋势，从有大量淡水注入的渤海湾向外逐渐升高，到青岛海区达到最大值。从观测资料看，盐度对结冰期的影响比温度更明显：虽然莱州湾—成山头海区的冬季水温通常高于 0℃，可是遇到寒潮来袭也会出现短暂的封冻（例如牟平港 1924 年的大封冻），而水温更低的荣成海区却很少结冰（见表 1–1）。

表 1–1　胶东海域海水理化性质表

海域区间	水温（℃）			盐度值	结冰期
	平均	最低	最高	（‰）	
莱州湾—成山头海区	14.92	2.66	26.24	31.06	寒潮侵袭偶有封冻
荣成海区	12.81	1.30	22.43	31.63	很少
青岛海区	13.50	2.78	24.50	32.08	罕见

资料来源：《1981—1983 年山东省海岸带和海洋资源调查报告》（内部资料），1983 年 11 月。

2. 洋流系统

（1）黄海暖流。在大气环流效应下，黑潮从副热带海域向高纬度移动，到达济州岛近海时产生了两条分支：一条经朝鲜海峡流向日本海，另一条沿着黄海槽北上，这就是黄海暖流。黄海暖流在 34° N 附近又分成两支：一支与苏北海域的沿岸流混合南下，另一支继续前行，绕过成山角附近的北黄海，然后向西转入渤海湾。黄海暖流的流速很低（0.2—0.4 节），却向北吐出了一个比同纬度海域更加高温和高盐的水舌。

这条水舌的势力在不断变化着：从每年 10 月起，强劲的冬季风阻碍了表层海水向北移动，底层海水就以补偿流的形式涌入高纬度海域，温暖的水舌一直伸入渤海内部；到了4月，表层暖流在夏季风吹拂下逐渐增强，可是盘踞在海底的冷水团却拦截了底层暖流的行进，导致水舌高温高盐的特征变弱。[①]

（2）沿岸流。与黄海暖流相反，沿岸流的特征是寒冷和低盐。每年冬季，渤海近岸的海水由于偏北风的推动而发生堆积效应，再加上外部的黄海暖流势力增强，致使116° E两侧的水温和盐度梯度值加大，在沿岸形成了密度流。[②]夏季来临后，随着入海河流的径流量增加，其冲溢动力抵消了近岸海水的堆积效应，沿岸流的势力有所减弱。[③]

这股沿岸流顺着莱州湾向东行进，在成山角附近忽然掉头向南，流速降低；绕过石岛海域后转向西南，流速再次增加；最后汇入苏北海域的沿岸流系统。值得注意的是，冬季在海底会形成与表层沿岸流相反的补偿性逆流。

胶东半岛近海的海流示意图

资料来源：管秉贤：《中国海海流系统及其结构概述》，载中国科学院海洋研究所编《渤海黄海东海调查研究报告》（1984年4月）。

海洋水温和盐度的差异，以及活跃的洋流循环促进了温度、盐度和能量交换，从而不断制约着冷暖水团的势力消长和海洋生物的活动规律，这对渔场的形成、鱼类资源的种群

① 王颖主编：《中国海洋地理》，科学出版社1996年版，第24页。

② 宋文鹏：《渤海冬、夏季温盐场结构及其海流特征分析》，中国海洋大学2009年硕士论文，第9—12页。

③ 赵保仁：《北黄海冷水因环流结构探讨——潮混合对环流结构的影响》，载《中国海洋湖沼学会水文气象学会第九次学术会议论文摘要集》（内部资料），1995年，第27页。

数量和分布海域具有重要的意义。接下来，我们将简略地说明这种影响力。

第二节　渔业资源

一、水文环境与渔场成因

胶东半岛的海域承载了丰富的水下生态系统，这里生活着 200 多种鱼类、100 多种虾类和蟹类，还有大量的腔肠动物、软体动物和藻类植物。海洋生物里有一些定居者，包括栖息在滩涂礁石上的文蛤、牡蛎，匍匐在海底的海鳗、孔鳐和绵鳚（海鲶鱼），以及穿梭在河道与浅海之间的梭鱼、鲻鱼、鲈鱼和虾虎鱼等。相反地，另一些生物的游动性很强，像往返于深浅海之间的牙鲆、高眼鲽和毛虾，短距离洄游的鲱鱼、带鱼、鳓鱼和对虾，长距离洄游的鲅鱼和鲐鱼，还有呈不规则路线漂移的水母和浮藻等。

总体上看，除了那些越冬场比较遥远或者分散的鱼类，例如绿鳍马面鲀、鳀鱼、黄鲫鱼和青鳞鱼等，其他大多数鱼类都会在黄、渤海走完整个生命历程。但是行进中的鱼群很难进行大规模的捕捞，只有让鱼群停留下来，才有可能形成渔场。

首先来解释过路渔场的成因。黄海鱼群的越冬场大都集中在 80 米深的高温高盐海域，可是在洄游途中，不同的鱼群将表现出不同的温度或者盐度趋向性。有些适温性弱、而适盐性强的鱼群，在生殖洄游时会沿着黄海暖流制造的温暖锋面，向高纬度海域前进。当前方水温偏低时，鱼群会停留在原地，形成过路渔场。反过来，那些适温性强、而适盐性弱的鱼群，通常会随着高盐度的海水游动，在盐度锋面附近停下来并形成渔场。[①] 胶东

① 刘效舜主编：《中国海洋渔业区划》，浙江科学技术出版社 1990 年版，第 17 页。

海域具有显著的温度和盐度锋面，也就自然地形成了连青石渔场、石岛渔场和烟威渔场。以下是科学家在黄渤海观测到的几种鱼虾在不同生物周期的温度及盐度适应值（见表 1–2）。

表 1–2　黄渤海生物种群的温度和盐度适应范围

鱼类	越冬期		产卵期	
	水温（℃）	盐度（‰）	水温（℃）	盐度（‰）
鲅鱼	11—21	≈ 33.0	11—17	28.0—32.0
鲐鱼	14—23	34.0—34.5	13—23	31.0—33.0
黄海鲱鱼	6—9	≈ 32.5	0—6	30.0—32.0
带鱼	14—18	33.0—34.5	14—19	27.0—31.0
小黄鱼	8—12	32.5—34.0	11—14	26.3—32.4
对虾	—	—	17—20	19.8—27.2
毛虾	≈ 4	30.0—31.0	19—26	24.0—32.0

资料来源：《山东省志·水产志资料长编》，山东水产志编纂委员会编印，1986 年 8 月。

另一类渔场是由产卵和索饵鱼群形成的，一般不具有温度或者盐度趋向。亲鱼通常把卵产在流速平缓、温盐度波动小以及底质平缓的海域，而索饵鱼群会向径流量大、富含食物和其他营养物质的海域游动。在胶东海域，这一类型的代表是莱州湾渔场和青海渔场，其共同特征是地势平缓、略向深海倾斜以及粉砂底质，有黄河、母猪河和胶莱河等径流带来的大量盐分和饵料。

由于水体环境的独特性，胶东附近的海域出现了一串连续性的、密集排列的渔场。人们划分渔场的根据是鱼类的活动范围和周期，而事实上，渔场的形成往往是多种因素的联合效应。20 世纪以来，渔业学家已经揭示了胶东半岛附近渔场的位置、面积、温度、盐度、底质、渔期和捕捞对象等状况（见表 1–3）。

表 1-3　胶东近海渔场的基本概况

		连青石渔场	青海渔场	石岛渔场	烟威渔场	莱州湾渔场
位置	纬度（N）	34° 00′ —36° 00′	35° 30′ 以北	36° 00′ —38° 00′	38° 30′ 以南	38° 30′ 以南
	经度（E）	121° 30′ —124° 00′	122° 00′ 以西	122° —124°	—	—
面积（平方海里）		14800	4320	—	7200	6480
表层年均水温（℃）		14.4—16.1	14.4—15.5	13.3—15.2	11.1—14.4	11.5—12.4
表层年均盐度（‰）		30.7—32.5	31.1—31.5	31.3—32.1	30—31.8	28.9—31.2
水深范围（米）		16—78	20—50	1—78	1—70	10—15
营养状况与洋流		水质肥沃、饵料丰富、水系交汇	黄海暖流和沿岸流	黄海暖流和沿岸流	黄海暖流和沿岸流	黄海暖流余脉和沿岸流
底形底质		粉砂、淤泥	粉砂	粉砂、淤泥	粉砂	粉砂
渔场成因		过路渔场	产卵渔场 索饵渔场	过路渔场	过路渔场	产卵渔场 索饵渔场
渔期		全年	4—6 月；10 月至翌年 4 月	10 月至翌年 6 月	3—6 月；8—12 月	4—11 月
主要渔业资源		鲅鱼、鲐鱼、带鱼、小黄鱼、黄姑鱼、对虾、乌贼	鲅鱼、鲐鱼、高眼鲽、鳓鱼、小黄鱼、鲈鱼、带鱼、鳀鱼、银鲳、对虾	鲅鱼、鲐鱼、鳀鱼、鲆鲽类、鳓鱼、小黄鱼、黄姑鱼、带鱼、对虾、乌贼	鲅鱼、鲐鱼、小黄鱼、鲆鲽类、鳕鱼、对虾、黄姑鱼、带鱼、真鲷、对虾	鲅鱼、鲐鱼、小黄鱼、带鱼、梭子蟹、黄姑鱼、真鲷、鳓鱼、对虾、毛虾

资料来源：国家农业科学数据中心——渔业数据分中心“海洋渔场生态特征数据库”，http://fishery.agridata.cn/grade3.asp?st=llsj&id=A040105。

二、主要的渔业资源

很多鱼群的洄游路线跨域了不同的渔场，很多渔场也因为盛产同一种鱼类而闻名。但是，不同海域的资源禀赋往往大相径庭。例如，穿梭在河道与浅海之间的降河洄游鱼类，因为产地的水温和营养不同，造成其生长速度和鱼肉品质的差别。而长距离洄游鱼类是海洋里的旅行家，它们在洄游路线上形成一连串的渔场，由于环境波动和捕捞技术的区域差异，单位重量的生产成本在每个渔场也有所不同。接下来，我们将列举胶东近海的几种重要渔业资源。

1. 鲅鱼

鲅鱼是胶东海域目前最重要的经济鱼类之一。道光《招远县志》："（鲅鱼）在海鱼中为上品，腌作鲭亦佳，鲅鱼子可远贾。"[①] 同治《黄县志》："（鲅鱼）长三四尺，身圆腹白，背青多子。"[②] 每年3月中旬，性腺发育成熟的鲅鱼从越冬场开始了生殖洄游。鱼群在32°—34° N附近的海域分成三支，除了向朝鲜西海岸洄游的一支，其他两支在5月分别抵达胶东半岛的南北海岸。鲅鱼的产卵期会持续一个多月。产卵后的鱼群开始分散索饵，不再适合大规模的捕捞。到了9月，进行适温洄游的鲅鱼群会再次形成秋汛，但产量却比春汛要低得多。10月以后，鱼群离开胶东海域，一路向南洄游，直到12月底返回越冬场。

2. 鲐鱼

鲐鱼在分类学上与鲅鱼相近。道光《招远县志》："似鲅鱼而小，味

① 道光《招远县志》卷五《物产》，道光二十六年刻本，第17页a。

② 同治《黄县志》卷三《食货志》，同治十年刻本，第8页b。

微酸。”[①] 民国《牟平县志》：“（鲐鱼）体扁如梭，有血液。”[②] 从每年 3 月底开始，鲐鱼纷纷离开南方的越冬场。它们的出发比鲅鱼要迟半个月，不过却比后者更早到达目的地。4 月下旬的时候，鱼群洄游到青岛和石岛外海的产卵场。鲐鱼的产卵期长达两个月，随后就进入索饵期。[③] 到了 10 月底，鱼群开始向南洄游，在一个月之后返回越冬场。

3. 黄海鲱鱼

黄海鲱鱼是太平洋鲱鱼的一个地方性群系，嘉道年间曾出现过闻名于世的大旺发，成为胶东近海最重要的渔获物，民国《牟平县志》：“（鲱鱼）形似梭，栉鳞大而易剥，脂肪甚多，肉味甘美”。[④]19 世纪晚期以后，随着水温升高，鲱鱼逐渐成为稀有物种，民国《胶志》：“二月间最多，今渐少。”[⑤] 鲱鱼栖息在海水的中上层，很少进行远距离洄游。每年 2 月底，第一批达到性成熟的鲱鱼就离开黄海中部的越冬场，向北部海域进行生殖洄游。鱼群的先锋在 3 月上旬到达成山角外海，紧随其后的是更密集的产卵亲鱼。鲱鱼群很快就扩散到整个胶东外海渔场，并在未来的一个月里形成产卵的高潮，这一时期的围网和定置网产量最高。产卵期过后，鱼群就游向黄海中北部的冷水团索饵，渔场也随之转移。11 月以后，随着冷水闭的范围缩小，鲱鱼群的领地不断地收缩，最后向南逐渐转入越冬场。

4. 小黄鱼

19 世纪晚期，继鲱鱼种群衰落之后，小黄鱼成为黄渤海最重要的渔获物。民国《牟平县志》：“（小黄鱼）首内有骨二枚，坚如石，故名。

① 道光《招远县志》卷五《物产》，道光二十六年刻本，第 17 页 a。
② 民国《牟平县志》卷一《地理志》，1936 年铅印本，第 37 页 b。
③ 张孝威：《鲐鱼》，农业出版社 1982 年版，第 42—44 页。
④ 民国《牟平县志》卷一《地理志》，1936 年铅印本，第 39 页 a。
⑤ 民国《胶志》卷九《物产》，1931 年铅印本，第 5 页 b。

肉厚少骨，鳔亦可食。”[①] 小黄鱼的越冬场纬度比鲅鱼更高，洄游的距离也更短。从 3 月下旬开始，小黄鱼陆续离开黄海中南部的越冬场，游向山东近海产卵。鱼群在洄游途中分成三支，分别进入海州湾、乳山近海和渤海湾。到了 5 月上旬，鱼群集中在河口等营养丰富的水域里产卵，随后开始分散索饵。10 月中旬，随着温度降低，鱼群游离胶东近海，在 12 月返回越冬场。[②]

5. 带鱼

生活在西太平洋的带鱼分为几个种群，其中胶东渔场出产的属于个体最短的黄、渤海群系。道光《胶州志》：“大者长三尺余，宽三四寸。色白如银，故曰银刀。谷雨时网之，动以万计。”[③] 民国《牟平县志》：“体狭长，侧扁如带，又如刀……无鳞，肉软味佳。”[④] 每年 3—4 月份，带鱼群从越冬场出发，在途经 32°—34° N 的海域时，分出游往海州湾和乳山渔场的两个旁支，而主群则绕过成山角进入渤海湾的产卵场。带鱼的产卵期集中在 5—6 月，随后进入分散索饵阶段。10 月以后，鱼群随着温度降低而转移索饵场，并逐渐发展成大规模南移，最后在 12 月返回出发地。

6. 对虾

对虾在黄海中部的越冬场里处于分散状态。民国《文登县志》：“有红色者长五六寸，两两成对。”[⑤] 民国《莱阳县志》：“长五六寸，出水即死，渔人两两对之。”[⑥] 每年 3 月上旬，随着雌虾的性腺发育成熟，原本

① 民国《牟平县志》卷一《地理志》，1936 年铅印本，第 37 页 a。
② 林龙山、高天翔主编：《小黄鱼种群生物学与渔业管理》，海洋出版社 2013 年版，第 3 页。
③ 道光《胶州志》卷十四《物产》，道光二十五年刻本，第 7 页 a。
④ 民国《牟平县志》卷一《地理志》，1936 年铅印本，第 37 页 b。
⑤ 民国《文登县志》卷一《物产》，1922 年铅印本，第 4 页 b。
⑥ 民国《莱阳县志》卷二之六《物产》，1935 年铅印本，第 33 页 b。

分散的虾群在几天内聚集起来，开始大规模的生殖洄游。一部分虾群向西游入乳山、海州湾和连青石渔场，另一部分继续北上，在 4 月初绕过成山角，转向渤海湾内的产卵场。5—6 月是对虾的繁殖期，大部分亲虾在产卵后死亡，但它们的下一世代会迅速地索饵和育肥。渤海的对虾在 11 月中旬游向成山角，与那里的虾群汇合，向南进行越冬洄游。而青岛、乳山等南部渔场的水温更高，虾群直到 12 月上旬才会返回越冬场。

7. 毛虾

毛虾是土生土长的定居虾类，很少进行长距离洄游。民国《牟平县志》："壳薄而柔，有细毛，体色淡黄，多绿色小点。"[①] 毛虾有很多地方性种群，其中渤海毛虾的越冬场在黄河口附近 20 米深的海域。每年 3 月中旬，随着近岸水温的回升，毛虾向莱州湾等浅海产卵场移动，这些亲虾构成了春汛的捕捞对象。亲虾在 5—6 月繁殖出当年的第一代毛虾，被称为夏一世代。两个月后，夏一世代毛虾的性腺发育成熟并产卵，繁殖出夏二世代，后者是秋汛的捕捞对象。[②]10 月以后，随着近岸水温降低，虾群的活动范围逐渐向深海收缩，最后返回越冬场，等待第二年春天的繁殖期到来。

当然，这里不可能详细地介绍所有的渔业资源。我们按照生物分类、栖息水层和捕捞价值的异同，列出主要的渔业资源（见表 1–4）。

需要指出的是，并非所有的海洋生物都有捕捞价值，只有已经被人类开发利用的那部分生物才可以称为渔业资源。但是从历史的角度说，社会需求的变化可能会改变某些鱼类的价值。例如，在沿海人口依赖鱼肉提供其食物来源的时代，捕鲨业是一种边缘化的渔业门类，对食物自给缺乏贡献。当西医采用鲨鱼肝油治疗佝偻病等维生素缺乏症时，胶澳

① 民国《牟平县志》卷一《地理志》，1936 年铅印本，第 41 页 a。

② 张震东：《渤海毛虾和毛虾渔业》，海洋出版社 1987 年版，第 62 页。

表 1-4　胶东近海的渔业资源表

渔业资源	高 ←—— 捕捞价值		——→ 低
中上层鱼类	鲅鱼、鲐鱼、鲱鱼	鳓鱼、银鲳、鲦鱼、黄鲫鱼、青鳞鱼、鳀鱼、鳀鱼	颚针鱼、燕鱼、远东拟沙丁鱼、竹荚鱼
近底层鱼类	小黄鱼、大黄鱼、带鱼、黄姑鱼、白姑鱼、真鲷	牙鲆、高眼鲽、星鲽、木叶鲽、黄盖鲽、油鲽、长鲽、舌鳎、孔鳐、鲈鱼、梭鱼、马面鲀、叫姑鱼、鲬鱼、鮸鱼、鳍鱼、梅童鱼、黑鲪、红娘鱼、绿鳍鱼、海鳗、虾虎鱼、河豚、鮟鱇鱼、黄条鰤、鳕鱼、绵鳚、鲨鱼	六线鱼、鲚鱼、天竺鲷、银鱼、海马、海龙、文昌鱼
虾蟹类	对虾、毛虾、鹰爪虾	虾姑、鼓虾、米虾、新糠虾、三疣梭子蟹、日本蟳	略
贝类	蛤类、乌贼类、蛸类	蚶类、牡蛎	蛏类、螺类、海牛
其他动物		海蜇、海参、鲸类	海豚
藻类	海带、紫菜	龙须菜、鹿角菜	略

资料来源：《山东省志·水产志资料长编》，山东水产志编纂委员会编印，1986年8月。

地区的渔民还把它当成夜间照明的燃油。[①] 新政府创办了几家国营的鱼肝油公司。随着淡鱼肝油丸和麦精鱼肝油的相继问世，鲨鱼成为最重要的夏季渔业资源之一。事实上，所谓的资源“重要性”本身就是变动的概念，显然不可能完全通过一张静态的表格来演示。

三、资源数量和位置的变动

如果在地图上顺次标出鱼类洄游路线上的几个渔场，我们会发现由

① 民国《胶澳志》卷五《食货志·渔业》，第34页a。

高温向低温、由高盐向低盐的渐变趋势。前面已经提到，当鱼群停留在一个温度或者盐度锋面附近时，这片海域就形成了过路渔场。可是锋面本身并不稳定，此时如果增温快，鱼群将继续前行，渔期就会缩短；否则鱼群将长期滞留，渔期就会延长。这个道理可以解释大部分过路渔场的渔期和产量变化。

20 世纪中期，烟威渔场就发生过鲐鱼的洄游路线受阻的情况。水产学家朱树屏观察到，渔场附近有三个物理性质不同的水团：南部的近岸低盐水团、东北部的高温高盐水团以及西北部的低温高盐水团。[①]生殖洄游的鲐鱼一般是从东向西行进，由于东北部水团的升温速度明显比西北部快，鲐鱼群会暂时停留在水团交汇处的锋面偏东侧，直到西北部水团增温才继续前行，这段时间通常只有两三天。1955 年，西北部水团的势力异常增强，高盐冷水甚至从 15 米深的海底侵入了其他两个水团。这样，东北部水团的先锋就被阻隔在渔场东部的出岛附近，鲐鱼群在这道锋面上徘徊了半个多月（5 月 8 日至 25 日），无法进入传统的近海渔场。人们在鲐鱼渔业上增加了 50% 的网具投入，可是渔获量还不到前一年的 1/3，平均产量下降了近 80%。此后几年的产量数据表明，这种状况还在延续着（见表 1–5）。

表 1–5　1951—1957 年烟台外海的鲐鱼渔获量

年份	围网轮渔获量				风帆船渔获量（吨）	总渔获量（吨）
	船数（艘）	网数（副）	渔获量（吨）	单位网具产量（吨）		
1951	10	7	2049.6	292.8	2211.7	4261.3
1952	34	21	6189.7	294.7	1939.0	8128.7

① 朱树屏：《烟台海区鲐鱼渔场调查》，载《太平洋西部渔业研究委员会第二次全体会议论文集》，科学出版社 1960 年版，第 1—30 页。

续表

年份	围网轮渔获量				风帆船渔获量（吨）	总渔获量（吨）
	船数（艘）	网数（副）	渔获量（吨）	单位网具产量（吨）		
1953	55	31	8498.4	274.1	1179.1	9677.5
1954	93	54	8524.9	157.9	383.7	8908.7
1955	106	79	2813.1	35.6	192.2	3005.3
1956	—	74	665.6	9.0	172.8	838.4
1957	53	51	850.1	16.7	205.0	1055.1

资料来源：张孝威、徐恭昭：《烟台外海鲐鱼资源变动情况》，载《太平洋西部渔业研究委员会第三次全体会议论文集》，科学出版社 1960 年版，第 52—60 页。

如果说 1955 年的鲐鱼减产事件发生在过路渔场上，那么产卵渔场也出现过类似的情况。一片渔场的水体物理环境往往只适合几种鱼类产卵。当水温或者盐度发生变化时，一些鱼类可能离开传统的产卵场，而另一些鱼类却成为这里的新主人。在稳定的渔业捕捞强度下，温度、盐度和海流系统如何改变了鱼类的种群结构？根据夏世福建立的生态模型，黄、渤海的渔获量组成与环境因子之间存在这样的相关性：如果某一年度的水温和盐度偏高，那么后两年的暖水性鱼类比重将提高；否则冷水性鱼类就会增加。①

在历史上，黄海鲱鱼的分布区域盈缩可以表明温度对其产卵场的影响。鲱鱼产卵的水温值域介于 0—6℃（最适温度 2—5℃）。在历史上的低温时期（1420—1505 年、1629—1734 年和 1820—1850 年），鲱鱼曾出现过三次大旺发。李玉尚指出第三次旺发与 1815 年的坦博拉火山喷发有关，这次灾变造成了黄、渤海域的持续性低温，喜好冷水的鲱鱼群纷纷

① 夏世福：《渤、黄、东海渔业资源演变的初步探讨》，载中国水产科学研究院科技情报研究所《渔业科技成果选编（1978—1979）》（内部资料），1980 年，第 14 页。

游向山东近岸的渔场产卵。[①]20世纪以来，鲱鱼每逢低温期就会出现小规模的旺发。1959年，石岛海域的渔民大量地捕获到已经绝迹十几年的鲱鱼，其中一副大拉网的网头竟然创造出10吨的产量。[②]这些迹象表明，该渔场似乎又具备了适合鲱鱼产卵的水温条件。

再来看一个小尺度渔场的例子。20世纪50年代，海阳县水产科开始普及圆网。这是一种古老而简易的围网，主要用来捕捞浅海的带鱼群。1955年，一股低温水团忽然侵袭了这片海域并且长期停留，迫使带鱼离开水深15米的浅海渔场，转向更温暖的深水里寻找产卵场。有些渔民在30米深的海底发现了带鱼群，可是圆网却很难下潜到这样的深度，结果错过了产量最高的春汛渔期。[③]

大多数产卵场本身就是索饵渔场，其功能随着鱼类的不同生长阶段而改变。索饵期的鱼群聚集在饵料及营养丰富的海域，它们同渔场内的其他生物组成了生态群落，并建立起食物与能量的局部循环。在动力平衡建立前，生态群落始终是不稳定的；即使已经建立了动力平衡，如果海洋环境异常，生态群落的结构和优势种群也会随之变化。当温度、盐度或者海流的改变引起水体的温度、盐度异常时，渔场内部的生态群落就面临着种群结构失衡、食物链中断等问题。

在胶东半岛南岸的近海渔场，桡足类、毛虾和海蜇组成一个生态群落，群落成员之间通过捕食和索饵活动维持着竞争关系。如果黑潮的势力异常增强，大量温暖的海水就会涌入这片渔场内，从而刺激了喜好暖

---

① 李玉尚：《海有丰歉：黄渤海的鱼类与环境变迁（1368—1958）》，上海交通大学出版社2011年版，第271页。

② A. Г. 卡冈诺夫斯基、刘效舜：《黄海鲱鱼（提纲）》，载太平洋西部渔业研究委员会中国委员专家办公室编《太平洋西部渔业研究委员会第五次全体会议论文集》，科学出版社1962年版，第334页。

③ 《一九五五年水产计划说明书》（1955年），海阳市档案馆藏，档案号：56-3。

水的海蜇群的爆发。海蜇拥有布满刺丝囊的触手，能够摄食浮游的桡足类动物，影响食谱相近的毛虾的饵料来源。有经验的渔民把海蜇作为否定毛虾资源量的生物指标。

1953 年，海阳县附近 15 米深的水域出现了大量海蜇群，伴随着毛虾产量的显著降低。[①] 大个头的海蜇经常堵住网口，鱼虾就钻不进网袋。荣成县的渔民给挂网装上底筒，可是效果却有限。他们只能把生产期推迟 20 多天，损失了 40% 的毛虾产量。[②] 海阳县的渔农合作社发动渔民捕捉海蜇，按照产值计算工分。当时正值农忙季节，渔民拾一天海蜇只能计 2 个劳动日，而农民忙碌一天可以计 4 个劳动日，渔民也就理所当然地抱怨收入太少。[③]

历史的经验告诉人们，渔场仅仅是一种概率性的鱼群集中海域。当洋流变化造成种群数量或者洄游路线改变时，渔场就有可能随之消失或者移位，这不是单纯的资源时空分布的变化。迄今为止，渔民应对产量变动的策略仍然不够成熟：从发现某种资源减少的迹象，到寻找替代性资源，他们往往需要经历一段不景气的渔业周期。此外，开发不同渔场的难度并非完全相同的：即使渔民能够及时地发现鱼群的转移，他们可能也要为此付出额外的捕捞成本。有人错误地认为，随着渔场上的技术革命和科学管理的实施，渔业活动可以摆脱自然的束缚。而事实上，人们在渔业转型的道路上走得越远，对资源本身的依赖也就越显著。

---

① 《海阳县人民政府上半年渔业生产总结》（1953 年），海阳市档案馆藏，档案号：56–1。

② 《荣成县水产局关于渔业代表技术会议情况报告》（1956 年），荣成市档案馆藏，档案号：40–1。

③ 《海阳县人民委员会水产科关于一九五六年互助合作生产情况总结报告》（1956 年），海阳市档案馆藏，档案号：56–4。

第三节　渔业简史

胶东沿海的渔业活动可以追溯到距今 7000—5000 年的贝丘时代。先民们把屋宇建在海岸线附近的台地上防御海侵，聚落的四周被丘陵环抱着，只留出一条通向海滩的道路。早期文化层内堆积着厚重的蛤、蚶和牡蛎壳，而鱼骨很少，表明人们主要依靠采集贝类维持生活。[①]在后期遗址上，考古学家发掘出鱼钩、鱼叉以及一些游速较快的鱼类的骨骼，可见渔民已经能够乘坐渔船，主动到海洋里捕鱼了。

西周初年，齐国人的先祖来到受封的山东地区，当时位于封地东侧的胶东半岛仍然被打鱼、放牧和养蚕的莱夷部落盘踞着。春秋时期，齐国消灭掉莱夷人的国家，得到觊觎已久的海滨土地，实现了“通齐国之渔盐于东莱”的目标。[②]公元前 210 年，巡游途中的秦始皇受到方士的蛊惑，在芝罘岛附近的海面上射杀了一条巨鱼，这可能是有关捕鲨或者猎鲸的最早记载。汉宣帝在位期间，胶东渔业达到相当繁荣的程度，桓宽在《盐铁论》里盛赞“江、湖之鱼，莱、黄之鲐，不可胜食”的富庶景象。[③]时任大司农中丞的耿寿昌甚至奏请皇帝，向渔民征收 3 倍的“海租”。[④]

到了 7 世纪的隋唐盛世，胶东北部的登州港已经成为一个船舶云集的锚地。商船从这里出发驶向海上邻国，僧侣和使节们也频繁地穿梭在中日之间的航线上。登州港与朝鲜之间的航程，顺风只需要两三天就能

---

① 中国社会科学院考古研究所：《胶东半岛贝丘遗址环境考古》，社会科学文献出版社 1999 年版，第 189 页。

② 左丘明：《国语》卷六《齐语》，鲍思陶点校，齐鲁书社 2005 年版，第 121 页。

③ 桓宽：《盐铁论》卷一《通有》，王利器校注，中华书局 1992 年版，第 42 页。

④ 班固：《汉书》卷二十四《食货志第四上》，中华书局 2007 年版，第 163 页。

走完。[①] 木帆船的改进和航海经验的积累提高了渔业产量。唐宪宗元和年间，国家采取类似于土地人丁税的办法，按照渔船网具的尺寸和数量向渔户课税。除此之外，东莱郡和东平郡还需要定期向朝廷进贡文蛤。[②]11世纪，登莱沿海向宋廷提供了更多的海产贡品，包括文蛤、牡蛎、鲍鱼和海藻等。[③]

洪武年间，明政府在全国设置了 252 个河泊所，通过严格的渔业户籍制度征收赋税。胶东沿海没有河泊所，但是只有缴纳海租的渔民，才能领票出海捕鱼。[④] 随着 15 世纪晚期的倭寇入侵，官方的海禁政策变得严苛起来。卫所控制着很多重要的沿海渔场，但是屯驻官兵的捕捞活动规模有限。由于经济负担陡然加重，有些不堪重负的渔户逃亡了，另一些失去“衣食所赖”的渔民则逐渐转化为海盗。

渔业活动并没有完全停滞。16—19 世纪，有大量的移民纷纷涌入胶东半岛。由于气候突变造成鲱鱼的大旺发，很多移民在资源丰富的沿海地带建立起新的聚落。特别是 1605 年之后的 200 年里，庙岛群岛上竟然诞生了 40 多个渔村。[⑤]1738 年，清政府宣布取消捕鱼船税，沿海的居民“无不歌颂，青、莱二郡多刻石以记”。[⑥] 同光年间，随着水温的升高，鲱鱼群离开了黄海产卵场，渔村的形成速度就缓慢下来（见表 1–6）。有些渔民转向朝鲜西海岸，寻找新的鲱鱼产卵场；而另一些渔户则合伙建造

① 圆仁法师：《入唐求法巡礼行记》，白化文校注，花山文艺出版社 2007 年版，第 174 页。

② 李吉甫：《元和郡县志》卷十一《河南道六》，中华书局 1983 年版，第 257 页。

③ 乐史：《太平寰宇记》卷二十《河南道二十·登州、莱州》，中华书局 2007 年版，第 407 页。

④ 顾炎武：《肇域志（二）》，王文楚点校，上海古籍出版社 2012 年版，第 147 页。

⑤ 李玉尚：《海有丰歉：黄渤海的鱼类与环境变迁（1368—1958）》，上海交通大学出版社 2011 年版，第 248—253 页。

⑥ 道光《荣成县志》卷三《食货·物产》，道光二十年刻本，第 8 页 b。

大风网，到渤海湾内部去捕捞小黄鱼。

表 1–6　明天启至清光绪年（1621—1908 年）间长岛县渔村形成情况

时段	移入自然村数（个）	所占百分比	年平均迁入村数（个）
天启（1621—1627）	14	28.6	2
顺治（1644—1661）	15	30.6	0.83
康熙（1662—1722）	10	20.4	0.16
乾隆（1736—1795）	2	4.1	0.03
嘉庆（1796—1820）	0	0	0
道光（1821—1850）	5	10.2	0.17
同治（1862—1874）	0	0	0
光绪（1875—1908）	3	6.1	0.23
合计	49	100	—

资料来源：李玉尚：《海有丰歉：黄渤海的鱼类与环境变迁（1368—1958）》，上海交通大学出版社 2011 年版。

甲午战争和日俄战争相继结束后，日本渔船开始在黄海北部捕鱼。1921 年，日军侵占了青岛港。第二年，日籍渔民发现了真鲷的越冬场，他们驾驶着大型的延绳钓船，几乎把海州湾的鱼群捕捞殆尽。① 每年春汛期间，几艘 3000 吨载量的日营渔轮经常绕到半岛北侧的烟威渔场捕鱼。② 这些侵渔行为引发了旷日持久的渔业争端。

在民族灾难的刺激下，国内的实业家把先进的蒸汽和燃气动力应用到渔业上。1924 年，烟台渔业公司从国外购买了几艘渔轮，③ 青岛港也成功地试造了新式机帆船。当时的胶东沿海集中了大量装置手操网的汽船，这些汽船采用柴油机驱动，总载量达到 50—80 吨。20 世纪 30

① 民国《胶澳志》卷五《食货志·渔业》，第 35 页 a。

② 《山东沿海各县渔业概况调查一览表》（1936 年），青岛市档案馆藏，档案号：17-2-68。

③ 李士豪、屈若搴：《中国渔业史》，商务印书馆 1937 年版，第 158 页。

年代，胶东沿海的民间渔业出现了短暂的复兴，不过很快就被战争所打断（见表 1-7）。

表 1-7　1934 年山东省渔民数量统计

县别	掖县	黄县	招远	蓬莱	长岛	牟平	福山	烟台
渔户数（户）	1000	240	110	1865	6370	—	472	—
渔民数（人）	—	780	—	—	—	1200	—	19600
县别	文登	海阳	即墨	胶县	荣成	青岛	威海	
渔户数（户）	2895	2117	2070	880	2794	4210	—	
渔民数（人）	—	—	—	—	—	7123	2509	

资料来源：山东省建设厅：《1937 年中国经济年鉴》（内部资料），1937 年。

到日军全面侵华期间，渔业开始急剧衰落，船主纷纷破产逃亡。根据 1946 年的统计，庙岛群岛的渔民损失了 1/3 的渔船。[①]很多私营渔行通过高利贷控制着当地的渔业活动，无力偿还贷款的渔民只能把生产工具抵押出去，甚至沦为乞丐。[②]抗战胜利后没多久，当渔民沉浸在国民政府“复兴渔业”的许诺里时，全面内战爆发了，胶东沿海有大量的民用渔轮被强行征为军用。内战临近结束，停泊在港口的渔轮被国民党军队大量捣毁，最后仅存下 58 艘。与此同时，人民政府动员北方渔民支援东海前线，胶东军区紧急征调了 160 艘渔船，很多渔船和渔工直到 1951 年才返航。[③]

20 世纪 40 年代中期，中国共产党就在解放区成立了渔业供销合作社，实施财产公有、共同吃饭和劳动的制度，但没过多久就退回到分散

① 长岛县地方史志编纂委员会：《长岛县志》，山东人民出版社 1990 年版。

② 《高恒山渔业生产合作社典型报告》（1952 年），荣成市档案馆藏，档案号：16-48。

③ 《胶东区党委、军区、行政公署联合决定》（1949 年），文登市档案馆藏，档案号：1-12。

经营的老路上。[①]1948 年，东海地委指示胶东地区的水产工作者，将时局教育、阶级教育和任务教育作为首要任务，而渔业生产和销售问题可以暂时搁置。当然，此时的互助组数量还在增长着。[②]

新中国成立初期，各级水产行政机构纷纷成立。胶东半岛的渔业最初由文莱专署的水产科管辖着，这个机构很难应付 1400 多公里海岸线上的复杂情况，不久便被撤销了。1951 年，县级水产科接替行政专署的职能，直接受山东省水产厅的领导。当时只有牟平县和荣成县例外：牟平县被中央山地分隔成几个渔区。1952 年，省水产局在乳山和文登设立了渔业联合社，对各渔区实施日常管理，其实际职能已经与县水产科没有差别了。在 20 世纪 50 年代后期的政区调整中，乳山县和文登县完全分离出来，渔联社就顺理成章地更名为水产科。石岛区的渔业产量超过了荣成县其他几个区的总和，当地政府在这里成立了一个专门的水产分科。

水产科首要任务是完成政治改革和恢复渔业生产。在不到三年时间里，山东省水产局向渔民发放了 484 万元的贷款，以及大量的救济金。基层渔村的政治改革也被提上了日程。俚岛的几个渔村在 20 世纪 40 年代就成立了互助组。1950 年，这个经验被推广到更多的渔村。互助化改革进行得非常顺利，到 1952 年已经有 30% 的渔民加入互助组，其中大都是缺乏生产资本和渔具的贫农。经过短暂的恢复，1952 年的渔业产量已经与日军全面侵华战争前夕持平了。以互助化运动为基础，当地政府广泛地组建渔业合作社。在 1952 年开始的初级合作化改革中，诞生了很多模范村社，渔获量也大幅度地超过战前。50 年代中期，胶东渔民大多被卷入合作化浪潮里，合作社在不到两年时间里吸纳了 97% 以上的渔民，并在 1958—1960 年达到顶峰，组成一些渔业高级社。

---

① 《荣成县人民政府组织起来综合报告》（1951 年），荣成市档案馆藏，档案号：16-48。

② 《乳山县实业科 1946 年渔业工作统计表》（1946 年），乳山市档案馆藏，档案号：1-2。

从贝丘时代到19世纪中叶，胶东沿海的渔民一直沿袭着传统的捕捞模式。清朝末年，随着西方列强的入侵，胶东渔场成为半殖民地半封建国家的缩影，折射出不同的民族、国家、阶级和技术的碰撞。20世纪50年代以后，人民政府广泛地发动渔民从事集体化生产，公有制渔业模式在胶东沿海确立下来。

小 结

胶东半岛的居民世代生活在崎岖多山的土地上，传统谷物的耕种效率不高。半岛外围环绕着曲折的海岸线、密集的渔港和星罗棋布的岛屿，洋流和水团运动带来了活跃的温度、盐度与能量交换，有利于渔场的形成。在这种情况下，渔业成为沿海居民重要的收入来源之一。

胶东近海拥有丰富的生物资源。在鱼群的洄游路线上，自然地形成了连青石渔场、石岛渔场和烟威渔场等过路渔场，以及莱州湾渔场、青海渔场等产卵渔场和索饵渔场。渔场里栖息着鲅鱼、鲐鱼、小黄鱼、带鱼、比目鱼、真鲷、对虾、毛虾和乌贼等海洋生物。受到水温、盐度和生态系统等环境因素的影响，这些渔业资源的数量和结构都处在频繁地变动中。

当地的捕鱼活动起源于贝丘时代，在此后的数千年里，渔业随着环境、资源、技术和国家力量的变化而兴衰不定。20世纪50年代，由于市场、工具和观念的变革，以及从互助组到初级渔业社、再到高级渔业社的合作化运动的开展，一种以公有制为基础的、采用现代生产技术的渔业模式揭开了序幕。

本章为胶东渔业搭建了一个由环境、资源和历史等要素构成的舞台，接下来该讲述发生在这个舞台上的渔业故事了。

第二章 “海上公地”：明清以来的黄海渔业争端

“公地悲剧”的概念最早由经济学家哈丁提出，其核心是很多人共同拥有一项资源的使用权，为保证个体利益最大化，每个人都倾向于过度开发而导致资源枯竭。这一概念不仅在经济学界尽人皆知，而且日益受到历史学家的关注。放眼全球，有很多海域是难以实现“排他性”的。除了公海之外，还有因历史和法理等因素而尚未划界的海域。西方环境史学家热衷于考察此类问题，并笼统地称其为“海上公地”。

在 1986 年出版的《渔民问题》中，麦克沃伊追溯了加州渔业危机的成因——激进派缺乏科学的管理策略，而保守派的努力却加剧了环境不公，双方都无力阻止公共渔场的持续恶化[①]。2009 年，穆盛博的《渔业战争》将这一模式移植到近代中国的舟山渔场：一方面，民国政府以破坏生态为代价调解渔业争端，与麦克伊沃笔下的保守派立场相似；另一方面，穆盛博阐释了资源流动和技术差异的后果，使海上公地的理论框架

① Arthur McEvoy, *The Fisherman's Problem: Ecology and Law in the California Fisheries, 1850–1980*, New York: Cambridge University Press, 1986.

更为成熟。[①] 当然，除了人口增长、技术发展和国家冲突外，中国学者还主张给予“海上公地”更丰富的建构要素，诸如气候、资源变动和商业活动等。[②]

整体看来，西方环境史学家更关注短期和局部的冲突与对抗形式。那么，在考察长时段和跨区域的“海上公地”案例时，具体情形又是如何呢？西方人未能揭示的东西，我们可以从中国历史中寻求答案。近几个世纪的黄海渔业问题，就提供了一个考察大尺度“海上公地”的绝佳素材。

探讨明清以来的黄海渔业争端，严格说来，并非环境史学家的专利。放眼近代史学界，很多学者对20世纪上半叶中国近海的渔权博弈均有涉猎。他们致力于揭露日本侵渔的罪恶、考察国民政府护渔政策的实施以及捍卫中国维护自身领海主权的正义性。[③] 这些研究固然与“海上公地”取材相似，而论题却擦肩而过。本章尝试撇开传统的反帝维权语境，与西方环境史学界产生直接的对话。

尽管借鉴西方人的“海上公地”框架，但我们不赞成将渔业争端作为狭隘的政治经济产物，从生态、技术与社会等要素构成的大环境之中

① 穆盛博：《近代中国的渔业战争和环境变化》，胡文亮译，江苏人民出版社 2015 年版，第 170—171 页。

② 李玉尚：《海有丰歉：黄渤海的鱼类与环境变迁（1368—1958）》，上海交通大学出版社 2011 年版，第 5—8 页；林敬智：《Micah S. Muscolino, Fishing Wars and Environmental Change in Late Imperial and Modern China》，“中央研究院近代史研究所集刊”2011 年第 74 期；包茂红：《海洋亚洲：环境史研究的新开拓》，《学术研究》2008 年第 6 期；潘威：《环境史视野与社会经济史研究——评“Fishing Wars and Environmental Change in Late Imperial and Modern China”》，《历史地理》第 27 辑，上海人民出版社 2013 年版，第 375—381 页；胡文亮：《探骊得珠 醒世之作——美国学者穆盛博〈近代中国的渔业战争和环境变化〉评介》，《中国农史》2015 年第 4 期。

③ 刘利民：《日本越界侵渔与民国北京政府的应对（1924—1927）》，《抗日战争研究》2013 年第 3 期；谢小琴：《民国早期日本对中国沿海侵渔及其影响——以 1924 年日船越界捕鱼案为中心》，《黑龙江史志》2010 年第 15 期；崔京生：《1950 年代，打击日本海上侵渔》，《档案春秋》2012 年第 1 期。

剥离出来。本章力图追溯不同时期黄海公地位置的推移及其表现形式，资源波动、国力博弈与技术发展的影响，以及政府、实业家和渔民等社会群体对渔业争端的回应。至于具体的侵渔事件，我们不多加赘述。在资料方面，除了民国期间的报刊和档案，本章还将关注明清以来的古籍方志、日韩史料以及现当代地方档案里的丰富记载。

第一节　明清之际中国渔民的越海捕鱼活动

从中国长江口延伸到韩国济州岛，长达 2.5 万公里的海岸和岛屿几乎将黄海封闭起来，仅仅在南侧留下了 280 海里宽的出口。穿越朝鲜东南部的对马海峡，日本群岛及其附属岛链也近在咫尺。沿岸汇聚的数千条河流，以及活跃的季风和洋流，增加了黄海生态系统的多样性。这里生物分布有显著的区间差异：冷水性鱼类偏爱朝鲜附近的产卵场，而暖水性鱼类则截然相反。15—16 世纪，鲱鱼和大头鳕的产卵场遍布朝鲜黄海道、忠清道、全罗道和庆尚道近海。李朝皇帝喜欢将腌渍鱼干赏赐给邻邦、臣属和遭遇风暴的漂民，后者也时常以刚捕获的鲜鱼答谢。①

冷水性鱼类往往拥有惊人的繁殖力和集群性，因此黄海东部比西部渔获量更高。当然，中国沿海并非一片资源贫瘠的渔场。清朝前、中叶处在低温期，胶东渔场出现了“挂网之繁，无虑千万”的鲱鱼旺发，②庞大的种群数量与朝鲜近海相差无几。每逢暮春季节，聚集在山东沿海的

① 《李朝实录·世宗实录》卷七七，十九年五月庚寅，日本学习院东洋文化研究所，1953 年，第 552—553 页。

② 郝懿行：《记海错》，光绪五年重刻本，第 21 页。

真鲷“一网可获数万”，对莱州湾渔民而言，其重要性丝毫不亚于秋收之于农民。[①] 可是渔具发展却显得步履迟缓：19 世纪，渔民仍然在使用流刺网、挂网等近海渔具捕捞鲱鱼，而获取真鲷主要是靠圆网和绳钓。[②] 流刺网、挂网等传统渔具很难企及远海，而此时黄海正逢冷水性鱼群的旺汛，渔民似乎也没有必要越海捕鱼。

唐朝时，人们已经掌握着高超的航海技术。明末清初，坚固的木帆船开始应用于渔业生产，从登州港顺风起航，几天就能横渡黄海航线。李朝世宗在位时，朝鲜政府经常稽查到二三十艘从登州港漂来的渔船。渔船主人身穿青黑色衣服，梳着清朝人的标志性发辫。[③] 事实上，这些人对鱼群不太感兴趣，他们主要是为了盗伐松杉等珍贵木材，回国后再廉价出售给沿海平民。[④] 当时朝鲜咨文里也有记载，中国渔民的目标并非捕鱼，而是采挖黄海道和忠洪道的海参。[⑤]

考虑到中朝之间和睦的宗藩关系，朝鲜政府不敢轻易地惩罚越海者，只能呈请中国皇帝裁决。而清廷却抱有另一重顾虑：明清之际黄海上并不太平，很多海盗船伪装成渔船，伺机掳掠沿海村落。中国政府禁止携带铜铁出境，以防海盗借此打造兵器。1804 年，一艘渔船在前往山东途中遭遇风暴，漂流到朝鲜，被李朝官员遣送回中朝边境的凤凰城。当嘉庆帝得知船里载有铁器时，立即下令彻查这桩看似寻常的漂风案。[⑥] 咸丰

---

① 道光《招远县志》卷五《物产》，道光二十六年刻本，第 17 页。

② 《明治后期产业发达史资料》第二九二卷《“外国事情篇·清国事情”第六期》，日本外务省通商局，1908 年，第 341 页。

③ 《李朝实录·英宗实录》卷六二，二十一年八月壬寅，日本学习院东洋文化研究所，1956 年，第 553 页。

④ 同治《即墨县志》卷十《地方事宜议》，同治十二年刻本，第 2 页。

⑤ 《报吾义浦及白翎漂人发回咨》，《同文汇考 2》，首尔翰进印刷公社 1978 年版，第 1336 页。

⑥ 《清仁宗实录（三）》卷二〇八，嘉庆十四年三月戊子，中华书局 1986 年版，第 797—798 页。

帝在位时，曾经准许朝鲜军队追剿那些诡称渔民的“海寇”。[①]

自康熙朝起，中国政府就禁止渔民私自赴朝鲜捕鱼。不过这项禁令仅仅停留在文书上，因为没有证据表明，持有票文的合法渔民受到过严厉的惩罚。雍正年间，朝鲜官员查获一艘山东渔船，船主声称是漂风至此的，信票已经丢失。官员们拿不出盗捕海鱼的证据，最后只能将其释放。雍正帝对此表示嘉许，称赞朝鲜“诚心笃敬，臣服我朝”。[②]很多迹象表明，早期的偷渔活动规模有限。无论是朝鲜的李朝国王还是清朝皇帝，似乎都默认了这个事实。与维护帝国自身的海上安全相比，惩罚越海渔民也算不上燃眉之急。

19 世纪晚期，随着黄海水温转暖，中国沿海的冷水性鱼类日渐稀少。[③]迷信的渔民纷纷讹传，鲱鱼是被火轮激水声吓跑的。而有经验的航海者却发现，鱼群已经迁徙到朝鲜和海参崴附近，偷渡黄海成为一桩有利可图的事情。朝鲜近海出现了大量越海撒网的中国渔民，他们来自山东的登州和莱州，尤其钟爱全罗道附近的鲱鱼。[④]1880 年，全罗道监司奏报李朝国王，外来渔船“广张数罟，遮绝渔路”，挤占朝鲜本国渔民的网场。[⑤]捕完春汛，有些渔民会登岸盗伐柞树，载回家当作柴薪烧掉。[⑥]

光绪年间，朝鲜近海的中国渔船越聚越多。很多渔民将官府禁令抛

---

① 《清文宗实录（一）》卷七四，咸丰二年十月己亥，中华书局 1986 年版，第 964—965 页。

② 《清世宗实录（一）》卷二，康熙六十一年十二月辛酉，中华书局 1985 年版，第 53 页。

③ 李玉尚：《海有丰歉：黄渤海的鱼类与环境变迁（1368—1958）》，上海交通大学出版社 2011 年版，第 271—294 页。

④ 《报灵光漂民入送咨》，《同文汇考 2》，首尔翰进印刷公社 1978 年版，第 3697 页。

⑤ 《李朝实录·高宗实录（四）》卷一七，十七年二月己亥，科学出版社 1959 年版，第 94 页。

⑥ 刘海萌：《清代山东渔船的活动——以漂著朝鲜的山东渔船为例》，载松浦章主编《近代东亚海域交流：航运·商业·人物》，台北博扬文化事业有限公司出版社 2015 年版，第 363—404 页。

诸脑后，携带鸟铳和火炮出海捕鱼，甚至与海盗相互勾结。[①]1884年，有五六百艘渔船集中在朝鲜的洪州、元山和插匙岛近海捕鱼。面对朝鲜海军的缉捕，渔船主人竟然发炮还击。消息传到中国，光绪帝敕令李鸿章等海军将领彻查渔船来自何处，配合李朝政府予以军事镇压。可是此时清朝已经国力衰微，拿这些来去不定的“捕鱼海盗”毫无办法了。

直到甲午战争前夕，仍然有中国渔船徘徊在朝鲜近海。1894年，中日舰队在黄海北部洋面交火。日军有几艘战舰即将倾覆，于是强行雇佣附近的中朝渔民驾船营救溺水者，只有少数目击者侥幸逃回，向驻山东的外国使节透露了这一消息。[②]《日韩合并条约》签订后，日本大肆扣押和虐待偷渡朝鲜的中国人。[③]从那时起，就很少出现中国渔民越黄海捕鱼的记载了。很多人合伙建造一张风网，转向渤海湾内侧捕鱼，也就是俗称的“打风网”。风网的渔获物——小黄鱼和鲐鱼有两处重要的市场：一是英租威海卫，这座自由贸易港为渔民提供免税待遇；[④]二是河北省盖平县，那里坐落着远近闻名的黄花鱼市。

14—19世纪中朝官方对越海捕鱼活动的管理，是一个逐渐由默许转为失控的过程。明清交替之际，冷水性鱼群的旺发让中国渔民获利甚巨，只有少数人到朝鲜捕海参。除了那些伪装成渔民的海盗，合法的渔民并未遭受严惩。朝鲜政府通常按照惯例将越海者遣送回中国，而中国皇帝的态度也是模棱两可。19世纪晚期，鲱鱼和鳕鱼离开了水温升高的黄海西部，山东渔民大规模地越海捕鱼，甚至挤占了朝鲜渔民的近海网场，

---

① 《清德宗实录（二）》卷一一六，光绪六年七月辛卯，中华书局1987年版，第700—701页。

② 《译天津西人来信》，《申报》1894年10月12日，第2版。

③ 李东芗：《为制止日本侵渔案告国人》，《新渔》1948年第1期。

④ 《1908—1919年进入威海港船只记录》（1920年），威海市档案馆藏英国威海卫行政公署档案，档案号：229-1-162。

李朝政府不得不向清政府求助。如果这些中国人像往常那样从事捕鱼和伐木活动，那么清廷恐怕不会多加干涉。然而事与愿违，光绪年间的渔民与海盗彼此勾结，已经很难界定其真实身份。当清政府决定对“捕鱼海盗”兵戈相向时，这个没落的帝国却再也无力阻止渔民偷渡了。

总体说来，传统时代“海上公地”的主题是环境变迁与资源波动。受到捕捞工具限制，渔民往往随着鱼群位置移动而迁徙，将网场摆在资源相对丰富的海岸线附近。利用特殊的宗藩关系，某些宗主国的渔民远赴藩属国邻海捕鱼。在这种原始的、以争夺近海渔场为特征的公地争端中，渔民并非以攫取资源或者转嫁生态灾难为目标，而是为了占据更有利的开发场所。由于缺乏国家意志介入，越海捕鱼与海权盈缩之间关系不大。这种捕鱼活动的危害性也无法与近代殖民体系下的生态灾难相提并论——不管早期“海上公地”对社会秩序产生过何种影响，渔民仍然难以企及远海渔场，他们距离真正的资源危机也还很遥远。

第二节　民国时期的实业救国与政府谈判

在主流历史学家看来，近代以来中国由宗主国逐渐沦为半殖民地国家，海权丧失往往被视为殖民化进程的缩影。《渔业战争》的观点则带有某种颠覆性：20 世纪前期，为了抵偿人口增长和资源衰退的趋势，中国渔民被迫转向远海渔场以保持稳定产量，也就不可避免地遭遇了先进的日本船队。[①] 毫无疑问，穆盛博对资源和技术的考察让人耳目一新，但他却在“去政治化”道路上走得太远，试图将殖民体系下的渔业战争描述

① Micah Muscolino, “The Yellow Croaker War: Fishery Disputes between China and Japan, 1925–1935,” *Environmental History* 13（April 2008）: 305–324.

为“技术碰撞”的产物。

甲午战争后，滞留在朝鲜的山东渔民纷纷返回故土。1905 年，日军从战败的俄国手里接管了旅顺港，随后继续向南侵夺中国渔场。每逢夏天，停泊在旅顺港的十几艘渔船就前往青岛外海，同来自日本本土的船队共同经营捕鲨业。[①]1914 年，日本从胶州湾附近登陆德国租界，用炮舰封锁了胶东渔民前往渤海湾捕鱼的航线。[②]没过多久，日军就侵占了胶澳区，把这里建设成一个渔业基地。随后有大量日籍渔民移居中国，青岛港的外来渔船数量开始急剧增加。[③]

日本侵渔活动引起了中国官绅阶层的警觉。1905 年，海防大臣张謇率领使团参加意大利国际渔业赛会。回国后，他向皇帝禀明海权与渔权的关系，还忧心忡忡地表示，中国的捕鱼旧法难以抵挡西方新式渔业的冲击。[④]第二年，张謇督办成立了奉天渔业公司，该公司的经营模式在当时备受推崇。“一战”刚停火，作为胜利者的北洋政府就准备发展新式渔业。[⑤]这项计划鼓舞着雄心勃勃的民族实业家，烟台渔业公司买进几艘渔轮，青岛造船厂也试造出第一批机帆船。[⑥]华盛顿会议召开后，日军撤出青岛，留下大量赤贫的日籍渔民，后者只能依靠商埠局提供的免税条例维持生计。[⑦]中国的水产实业家迎来了喘息之机，烟台港一跃成为手操网

---

① 民国《胶澳志》卷五《食货志·渔业》，民国十七年刊本，第 35 页。

②《哈尔滨方面消息》，《申报》1914 年 8 月 20 日，第 6 版。

③《日人势力之侵入》，《申报》1924 年 3 月 30 日，第 21 版。

④ 张謇：《呈南洋大臣议略》，《拟办中国渔业公司纪要》，江浙渔业公司，1906 年第 21 页。

⑤《北京电农渔牧司调查南北洋渔业出产及定海、烟台渔业传习所成绩，预备扩张中国领海渔业》，《申报》1919 年 12 月 1 日，第 6 版。

⑥ 李士豪、屈若搴：《中国渔业史》，商务印书馆 1936 年版，第 158 页。

⑦《关于小港附近有日人小渔船捕每天靠小港码头买鱼、渔人均属日人赤贫、青岛已为中国收回所捕鱼类是否属征免税的呈文》（1927 年），青岛市档案馆藏胶海关档案，档案号：B0047-001-00321-0011。

渔业基地。[①] 可惜好景不长，20 世纪 30 年代初，卷土重来的日本船队很快就让中国实业家相形见绌。

更何况民间渔业基本上没有从技术革新中受益，当机帆船的轰鸣声响彻远海之际，普通渔民还驾驶着木帆船徘徊在浅海渔场上，使用原始的流网、挂网和蓝钩捕鱼。1922 年，日本发现海州湾真鲷越冬场后，马上在青岛港建造一丈宽的大型渔船，装配复合式延绳钓具，每根绳索上可以拴十几个钓钩。而中国渔民的旧式钓具只能拴一个钓钩，生产效率低下。[②] 难怪中国记者们感叹本国渔具渔法“一如故旧，不求改良”，让盗捕真鲷的日本船队喧宾夺主。[③]

在渔场之外，谈判桌上的较量同样充满了火药味。根据 18 世纪末以来的国际惯例，海上邻国之间应该从各自低潮线向外延伸 3 海里，作为稽查走私和保护渔权的合法区域。清朝末年经常发生日本船只闯入海界的事件。1908 年，中国海军在近海抓获一艘日本渔船，最后只能将其释放回国。两年后，一艘日本渔船在长岛海岸上遭到抢劫。清政府委派官员同日本领事会谈，支付了巨额赔款，却没有追究日船私自停泊在他国海滩的责任。[④]20 世纪 20 年代，实业家们向国民政府频频施压，要求后者对日交涉以维护海权。实业部长孔祥熙随即发表声明，指出渔权不应局限于狭义的领海内，并提议将缉私范围扩展到 12 海里。而日本却坚持 3 海里的国际法标准，双方陷入了旷日持久的谈判之中。

国民政府采取过辅助性军事行动，比如设置海军渔业保卫处，派遣

---

① 王品三：《烟台渔业汇编》（1948 年），烟台市档案馆藏烟台市旧政权档案，档案号：4186–35。

② 民国《胶澳志》卷五《食货志·渔业》，民国十七年铅印本，第 35 页。

③ 山东水产志编纂办公室：《山东水产历史资料汇编》第一辑（内部印行本），1985 年，第 137—138 页。

④ 《中日捕鱼交涉案议结烟台》，《申报》1910 年 2 月 24 日，第 11 版。

海警拦截闯入本国领海的外国渔船。[①]1928 年，海军司令沈鸿烈将山东近海巡逻区划为四段，免除了渔民交纳给海警的旗照费。[②]作为军事行动的补充，中国还设法截断日本船队的销路和补给：很多鱼类不耐储存，需要即时处理。日本渔民将价钱昂贵的真鲷放入冰船运回本土，而廉价的渔获物则就近卖给中国人，顺便在港口补充船队的食物和燃料。1929 年，民国政府宣布禁止外国渔船在中国港口停泊，同时呼吁公众抵制日本鱼。这些灵活策略赢得了国际舆论的支持，约翰·奥查（John Orchar）等人公开谴责说，在几乎没有商品化渔业的中国人面前，日本船队的做法显然有违道义。[③]遗憾的是，所有的努力仍然以失败收场。海军渔业保卫处经常滋扰中国渔船，甚至有渔民谈海警色变，而抓捕日船时却显得畏首畏尾。[④]更重要的是，当日本在旅顺、大连等港口强行卸货时，封锁港口的禁令也就形同虚设了。[⑤]

受到张謇“海权即渔权”思维的影响。晚清政府和北洋政府最初设定的护渔和缉私半径只有 3 海里。到 20 世纪 20 年代后期，国民政府逐渐将渔权视为海权的某种外延，同时发起对日谈判以扩展海军的护渔范围。当然，穆盛博的看法并非毫无道理：鱼群的洄游路线往往跨越了领海和公海之间。既然远海渔场属于国际法意义上的“公地”，那么援引法

① 《海军保卫山东沿海渔业 20 分段处成立的公函》（1925 年），青岛市档案馆藏胶海关档案，档案号：B0047-0010-0775-0001。

② 《转发海军总司令公署关于将山东沿海划分四区酌派大小舰艇分区保护渔业的训令》，1928 年，胶澳商埠局档案 B0038-0010-0457-0068，青岛市档案馆藏。

③ John E. Orchard, “Contrasts in the Progress of Industrialization in China and Japan,” *Political Science Quarterly*, Vol.52（1937）: 18-50.

④ 《关于海军保卫山东渔业第二十分段违反布告苛征商船捐的呈文》（1925 年），青岛市档案馆藏海军保卫处档案，档案号：B0038-0010-0373-0117。

⑤ 刘利民：《日本越界侵渔与民国北京政府的应对（1924—1927）》，《抗日战争研究》2013 年第 3 期。

律条例几乎是徒劳的。[①] 只有在主权明确的领海和港口内，中国政府才能够通过军事和政治手段制裁日本船队。这些措施并没有达到预期效果，正如包茂红评论的那样，有限的国际海洋法并不能保证弱国的海洋主权和经济安全。[②]

《渔业战争》的缺陷也是显而易见的——穆盛博对资源和技术要素的考察，几乎完全脱离了不平等的殖民体系。按照日本领事的诡辩，渔业争端起源于技术隔阂：日本船队游离在远海渔场，中国渔民只能在浅海撒网，使用先进渔具的生产者理应获利更高。而事实上，假如某片海域开发强度明显增加，就会影响其他渔场的产量，甚至酿成资源争端。中国远海渔业发展固然与资源枯竭和人口增长有关，却更多地带有被动应战的意味，即半殖民地国家为自我拯救而进行的技术革新。它的失败表明，纯粹依靠发展技术来捍卫渔权，只不过是实业家们的梦想而已。

20 世纪前期，黄海渔业争端呈现一些新特征。掌握着先进技术的日本船队将捕捞范围推向黄海西部，在 3—12 海里外的海域酷渔滥捕，加剧了以近海捕捞为主的中国渔业的崩溃。围绕几种长距离洄游性鱼类，近海中国渔船同外海日本船队之间冲突不断，形成了一种空间错位的渔业竞争。“海上公地”的争夺焦点由固定渔场转向流动资源——当鱼群洄游路线跨越了广阔海域时，能否采用领海边界和技术隔阂来人为地“切割”捕鱼范围的问题。正如海疆史学者评论的那样，近代中国海洋性因素的生成与培育，对中国国家构建产生了深远影响。[③] 与宗藩体系下的国家交涉和军事镇压相比，近现代中国各社会阶层对公地争端的回应更加

---

① Micah Muscolino, “The Yellow Croaker War: Fishery Disputes between China and Japan, 1925-1935,” *Environmental History*, Vol.13, No.2（2008）: 305-324.

② 包茂红：《海洋亚洲：环境史研究的新开拓》，《学术研究》2008 年第 6 期。

③ 郭渊：《海疆危机与近代中国的国家构建》，《中国边疆史地研究》2012 年第 3 期。

多样化。很多国内实业家抱有征服远海的梦想，却难以对抗实力更强大的日本船队。政府和军队采取过强硬的护渔措施，但这些努力相继失败，最后只能再次回到谈判桌上。作为中日“渔业战争”的生态恶果，真鲷、黄花鱼等传统渔业资源面临着真正的危机。

第三节　以技术竞争为特征的当代渔业博弈

1945 年，盟军司令部剥夺了日本在公海捕鱼的特权，其船队活动范围被限制在“麦克阿瑟线”以内的狭窄海域。仅仅过去几个月，麦克阿瑟就宣称这条界线并不合理，呼吁亚洲国家对陷入食物危机的日本施以援手。在“助日复兴”的呼声中，中国和韩国做出令人称道的让步，准许少量日本渔船进入其领海。通过一系列修正案，盟军司令部也放宽了先前的渔业限制条例。日本捕鱼范围不断扩展，并于 1952 年正式摆脱了“麦克阿瑟线”的束缚。

撇开战争遗留问题，偷渔活动确实挽救了大量日本饥民，可关键在于越境渔船的数量远远超出其邻国所能容忍的限度。1947 年，韩国对偷渔事件忍无可忍，宣布无条件扣押闯入领海的日本渔船。[①] 国民政府也曾多次向盟军司令部申诉，仅仅得到几封象征性函复。麦克阿瑟大概没想到，他的暧昧态度会激怒中国人。1948 年，《海建》杂志报道了中国海军抓捕日本渔船的消息，还附上两位船长低头认罪的照片。[②] 根据被俘船长的口供，其偷渔活动是由该国水产公司谋划的。从这篇言辞激烈的报

① 王海龙：《浅析韩日间独岛（竹岛）领有权争端的演变过程及其现实意义》，《朝鲜·韩国历史研究》第 12 辑，延边大学出版社 2012 年版，第 410 页。

② 《助日复兴声中日本对我侵渔之发展》，《海建》1948 年第 2 期。

道开始，国民政府放弃了隐忍立场。

相对于富饶的东海渔场，日本水产公司对黄海北部兴趣不大，但是小规模的偷渔活动却屡见不鲜。根据 1947 年一则碑文记载，游弋在乳山县近海的日本渔船让中国渔民深受其害，民间渔业团体不得不提醒沿海渔户，对外来渔船严加警惕。[①]1951 年，人民政府延续了战时对侵渔者的强硬态度，连续命令华东海军发动了十几次搜捕，这些军事行动得到大量水警、水产公司以及武装渔船的配合。[②]

新中国成立初期，黄海渔场的传统资源已经尽显颓势。小黄鱼和鲐鱼产量下滑，让延续了数十年的风网渔业走向衰败。幸运的是，作为这些鱼类减产的补偿，鲅鱼和带鱼渔获量持续攀升。经过 20 世纪前期日本船队的酷渔滥捕，黄海真鲷尚未得到恢复，钓鱼业也随之陷入困境。可是当鱼肝油工业兴起后，鲨鱼和东方鲀却成为钓鱼业的新宠。[③]与传统渔获物相比，鲅鱼、带鱼和鲨鱼的栖息海域距离岸边更远。为了适应资源结构变动，中国渔民不得不延长捕捞半径。黄海彼岸的日本也走出了战败阴影，远海渔业规模逐渐恢复，每年可以从东、黄海渔场捕去 15 万吨鲜鱼。[④]穆盛博所谓的资源危机、渔业扩张以及“中日技术碰撞”，似乎应该向后推迟到这一时期。

1953 年，远海上渔业争端愈演愈烈。仅仅在距离山东高角 50 多海里的海域，就连续发生了多起中日渔船相撞事件。山东省水产局发布通告，建议渔民尽量不要到石岛渔场东侧撒网，因为即使按照最严格的国

---

① 《乳山县渔民翻身碑文》，《烟台市水产志》编纂委员会编《烟台市水产志》，山东省出版总社烟台分社 1989 年版，第 349 页。

② 崔京生：《1950 年代，打击日本海上侵渔》，《档案春秋》2012 年第 1 期。

③ 《几种渔具的经验介绍》（1956 年），牟平区档案馆藏牟平县人民委员会水产科档案，档案号：75-10。

④ 《山东省水产局长逯子玉同志在全省加速渔业机械化和对日渔业斗争会议上的总结发言提纲》（1958 年），烟台市档案馆藏烟台市水产署档案，档案号：0012-002-797。

际惯例，这里也超出了中国所管辖的领海范围。1955 年，中日两国就公海捕鱼权问题达成了民间渔业协议，划定禁渔区以及军事警戒区。中国政府在石岛港设立渔业协会，负责接待和遣返漂风遇险的日本渔轮。这项协议对签署双方并不平等：当时黄海上只有 100 多艘中国渔轮，不到日本的 1/8，渔获量差距就更悬殊了。

协议签署后没多久，日本一连串单方面违约事件就给两国关系蒙上了阴影：日本渔船经常闯入石岛东侧禁渔区，破坏渔具和冲撞渔轮。1956 年，基层渔业机构纷纷颁布海上统一联络暗号，以便识别和驱逐那些蓄意越境的外来渔船。[①]第二年，中国渔业协会宣布不再延长协议的期限。在 1958 年的中国政府声明里，12 海里的领海宽度被正式确定下来。

20 世纪 50 年代中期以来，中国政府广泛地发动渔民向远海索要产量。尽管中国远海渔业技术还很落后，但是距离渔场更近，又有东黄海舰队巡逻护渔，维持着“对邻近海面的稳定的控制权”，所以官员们相信，中国的渔轮数量和捕捞技术将超过日本。[②]山东沿海机械化渔业以惊人的速度增长着，很多渔业合作社集资购置了机帆船，渔民卸下风网，给渔船装上高效的拖网和围网，把渔场推向更遥远的海域。有证据表明，当时拖网渔轮的捕捞半径已经达到 100 千米，钓鲨船也徘徊在 70 多米深的海域。[③]

谈判也一直是辅助技术竞争的手段，比如中日为划分专属经济区标准（按照海底大陆架的自然延伸还是海岸的等距离中心线）所进行的交

---

① 《为贯彻渔民海口生产预防敌情的联络信号的通知》（1956 年），荣成市档案馆藏荣成县人民委员会办公室档案，档案号：16-156。

② 《山东省水产局长逯子玉同志在全省加速渔业机械化和对日渔业斗争会议上的总结发言提纲》（1958 年），烟台市档案馆藏烟台市水产署档案，档案号：0012-002-797。

③ 《荣成县水产局关于渔业代表技术会议情况报告》（1956 年），荣成市档案馆藏荣成县人民委员会办公室档案，档案号：40-169。

涉。不过这种争论往往停留在法律层面，在公海渔场实际开发中，双方都不可能强迫对方按照自己的意愿行事。当然，那些有单方面主权诉求的海域不在此列——比如朝鲜西部 12—70 海里的渔场，常常有中国渔船因越过朝鲜单方面规定的领海边界而遭到扣押，很多人为此结成了利益同盟以分担风险，但是官方从未承认这些民间行为的合法性。整体而言，远海渔场上始终延续着技术竞争的基调。

在黄海东侧，日韩等国家也抱有类似看法，即通过实际捕捞能力决定远海资源的归属。既然几个国家共同享有黄海捕鱼权，那么就应该投入大量先进渔具，赶在其他国家的船队之前将鱼群捕上甲板。问题在于，这种以牺牲环境为代价换取的合作开发加剧了资源危机。20 世纪 50 年代后期，中国水产学家就曾警告过竭泽而渔的危害。[①] 经过数十年酷渔滥捕，黄海陷入了难以逆转的生态困境：如果把民国时期的濒危鱼类列一串名录，到 80 年代，这份名录被拉长了数倍。即使是数量庞大的带鱼、鲅鱼等鱼群，个体长度也明显缩短。资源危机反过来激化了渔业争端，以致很多人对目前远海秩序所存在的解体风险表示担忧。[②]

“二战”结束后，中国恢复了对领海及其毗邻海域的控制权。面对 1945 至 1948 年食物匮乏，日本船队在盟军司令部的庇护下越境捕鱼，国民政府动用军事力量捍卫渔业权益。新中国成立初期，黄海西部的传统渔业资源濒临崩溃，掌握新技术的中国渔民开始征服远海，而日本船队也摆脱了渔业限制条例，双方在一个共同享有开发权限的海域捕鱼，公地争端核心已经由开发空间转变为资源本身。当日方破坏中日民间渔

① 《为广泛深入开展渔业生产节约运动保证完成与超额完成 1957 年任务而奋斗》（1957 年），牟平区档案馆藏牟平县人民委员会水产科档案，档案号：75-12。

② 邱昌情：《中国与周边国家的渔业纠纷及其对中国周边外交的影响》，《社会主义研究》2013 年第 6 期。

业协议框架时，中国政府派遣海军将偷渔者逐出领海范围，警告侵渔者不要玩弄领海概念的把戏，同时不断增加公海渔场捕捞力量，广泛地发动国营水产公司和普通渔民。20 世纪中期以来，黄海渔场似乎在重蹈西方式“公地悲剧”的覆辙，即无秩序开发管理所引起的资源崩溃。短短几十年里，渔业危机由真鲷和黄花鱼波及更多海洋生物。如果黄海渔场的生态持续恶化，渔业开发的前景也难言乐观。

小 结

同西方环境史学家一样，我们赞成将渔业未来交给拥有先进知识的科学家和管理者。然而不要忘记，当代人熟悉的科学法则与管理策略，往往被一种潜在的历史延续性影响着。欧美学者对“海上公地”的理解带有某些短视：他们更关注破坏与冲突本身，却将渔业争端的延续变化搁置一旁。对此我们不必过分苛责，因为西方“公地悲剧”主要是破坏性事件的累积过程：刚移居美洲的新英格兰渔民，拥有一片生态处女地般的西北大西洋。很快地，其后裔就掀起商业化捕捞浪潮，继而引起渔场退化。[①] 可是在黄海渔场，公地争端却由来已久：从宗藩体系下的“天朝上国”，到海权沦丧的半殖民地国家，再到当代独立主权国家，这段跨越几个世纪的演变历程，显然不能以“破坏史”一言以蔽之。

黄海渔业争端隐喻了一个核心问题，那就是生态与社会的交融，不会随着政治时代的更迭而终止。首先，在以不同资源为纽带的渔业阶段，公地形式往往大相径庭：“赶鲱鱼”的传统渔民通过迁徙来争夺网场，而

① W. Jeffrey Bolster, *The Mortal Sea: Fishing the Atlantic in the Age of Sail* (Cambrige: Harvard University Press, 2012) , pp.265–282.

捕捞真鲷、黄花鱼和鲅鱼的现代船队却很少介入渔场争端，后者更看重对资源本身的开发权。其次，作为国力博弈的结果，公地位置处在不断变动之中：清朝人享有到朝鲜领海捕鱼的特权，而民国政府却无力制止日本渔民在 3—12 海里范围内酷渔滥捕，直到新中国将其驱逐回 12 海里外的缓冲地带。最后，技术发展同样改变着公地范围：20 世纪 30 年代，先进的日本船队同落后的中国渔民就如何界定领海产生分歧；到新中国成立初期，当中国人把渔轮开到远海渔场时，双方通过实际捕捞能力划定公共资源的归属。作为海上公地的典型案例，黄海渔场上交织着国家与群体的博弈，也囊括了政治家、实业家以及默默无闻的普通渔民的经历。

诚如沃斯特所言，如果学术研究与现实导向发生关联，环境史学家绝不能做“实验室里与世隔绝的技师”。[①] 当他们揭示眼下的危机如何长期发展而来，或者指引当代人如何借鉴早期社会成员解决问题的成功经验时，其研究才显得意义非凡。[②] 明清之际中国渔民远赴黄海东部捕鱼，艰难地维持着日常生计。而近代以来，资源变动和殖民入侵造成中国远海渔权丧失，带给渔民持续性的捕捞压力和生态恶果。黄海渔业争端的发展史，揭示了一些西方环境史学家未曾关注的复杂因素，同时也提供了一则重要启示：当我们通过政治手段裁决争端时，还应该关注这片海域所承载的生产与生活方式的延续性。

---

① 唐纳德·沃斯特：《在西部的天空下：美国西部的自然与历史》，青山译，商务印书馆 2014 年版，第 17 页。

② 唐纳德·沃斯特：《推崇复杂性的历史》，载夏明方、侯深主编《生态史研究》第 1 辑，商务印书馆 2016 年版，第 172—175 页。

第三章　资源禀赋、政策导向与社会效应：荣成县的捕鲨计划

本章以 20 世纪 50 年代胶东地区的捕鲨业发展为例，从新的维度评价资源开发的模式与效应：首先，揭示资源禀赋的各项特征怎样影响官方的政策导向，即政府在环境和生物属性等资源禀赋要素的基础上，对捕鲨活动的资本和流通环节作出的引导或干预；其次，在评价捕鲨计划的后果上，将产业发展与其社会效应——生产方式和职业结构的变化联系起来。

山东省在 1951 年发布过广泛开展捕鲨活动的公文，遍布在 2500 多公里海岸线上的数百个渔村参加了这项生产。很多地区缺乏广泛发展捕鲨业的条件，尽管渔业机构提出一些口头上的支持，或者在水产计划里例行公事地谈到其重要性，但是没有将捕鲨业作为首要的发展目标。这些地区几乎没有颁布专门的捕鲨文件，政府按照惯例布置着下一个生产周期的任务，捕鲨业只是其中之一。

但是在濒临 200 多公里海岸线的荣成地区，捕鲨业被作为一项重要的渔业目标给予发展。很多渔村有长期的捕鲨史，政府也相信这项旨在

提供工业原料的产业能够创造稳定的职业和利益。[①] 从 1952 年到 1957 年，荣城地区水产机构的公文、报告和信件共同构成一项地区性的渔业计划。在管理方式上，捕鲨业也被明显地与其他的渔业部门相区分。水产机构的大多数管理者都拥有渔业背景，村社的渔业管理者甚至自身就是渔民。他们显然认识到发展捕鲨业并不是单一目的（例如规定产量）的决议，整个计划需要对资源禀赋进行综合的评估。

第一节　资源禀赋：生物属性、产量波动和渔业成本

资源开发能否稳定地提供产量，从而形成周期性的生产方式，涉及生物属性、产量波动和渔业成本等复杂的资源禀赋问题。

任何渔业都是客观的生物过程，一年是从事任何渔业生产所需的最短周期。随着渔获物被捕上甲板，分散在海洋里的生物能量被人为地集中起来。鱼群的生物属性——特别是种群数量与自然波动，即使在高度崇尚技术的当代渔业中仍然决定着其潜力。

捕鲨活动是面向所有鲨鱼种群的开发，按照用途的重要性排列，分别是白鲨、青鲨、七鳃鲨和其他鲨鱼。从种群数量看，鲨鱼是食物链顶端的掠食者：白鲨是标准的杂食家，而七鳃鲨主要摄食鲐鱼，只有价值不高的虎鲨和鲸鲨的食谱是由小型鱼构成的。摄食过程是海洋中能量发生自然富集的结果，能量以几何递减的形式跃升到上一层级，转化成鲨鱼动物组织的比例要远远低于以其他形式消耗的部分，该效率与海域封闭性和海水上涌程度正相关。但是黄海缺乏明显的封闭或上涌特征，这

① 《荣成县人民政府一九五二年水产工作计划》（1951 年），荣成市档案馆藏，档案号：16-48。

是一片能量效率很低的海域。鲨鱼没有固定的领地，除了在攻击猎物时采用群狼战术，它们生命中的大部分时间都在海洋里自由游弋。由于偏低的种群数量和集群程度，捕鲨业比其他渔业更容易达到规模的饱和点。

资源量处在不断变化中，其稳定性经常被作为某项渔业的重要指标。流动性鱼群的产量是整体数量表现在许多固定渔场上的结果，某一年度的鱼群数量减少或者偏离其正常渔场可能导致产量发生波动。在历史上，水温变化使黄海鲱鱼出现间歇性旺发，并且造就了不同时期的渔业。处在食物链“特权阶层”的鲨鱼对环境变动也有类似的敏感性。20 世纪 50 年代中期的鲨鱼产量已经出现了颓势。1956 年，捕鲨业发生了毫无预兆的严重减产。从相邻两年的渔船数据上看，当时捕鲨船应该在 204—238 艘（见表 3-1）。考虑到鲨鱼资源还处在开发不足的阶段，只能将其归因于环境变化。

表 3-1　1952—1957 年荣成地区夏季捕鲨业产量波动情况

年度	1952	1953	1954	1955	1956	1957
捕鲨船数量（艘）	111	186	—	204	—	238
产量（市斤）	73537	80130	—	63200	44124	—

资料来源：《水产统计会议情况报告》（1952 年）；《一九五三年水产工作总结报告》（1953 年）；《为通知一九五四年捕鲨奖励办法由》（1954 年）；《荣成县水产局一九五六年水产工作总结》（1956 年）；《荣成县水产局关于上半年水产工作的总结报告》（1957 年）。

产量波动的影响是比较清楚的。转移资金与人员是应对这类变化的重要手段，很多渔村都具有临时地转变生产方式的条件：第八行政区是由一些有土地的村社组成的，1952 年，渔民在两次捕鲨失败后就返回麦田。但是对那些严重依赖渔业的村社来说，已经投入使用的麻绳、钓钩等捕鲨工具很难再转移到其他渔业部门，又无法经营农业来替代不景气的捕鲨业：1951 年组建的烟墩角渔业社只有很少的土地，在历史上，渔业作为重要的生产方式维持着人们的生活。1952 年，人们尝试给一部分渔船卸下渔网并绑上麻绳，[①] 连续几年的鲨鱼产量表明这个选择是明智的。但运气不会总是站在他们这一边，1956 年，这个渔村成为鲨鱼减产事件的受害者之一，大量贷款和人力都被浪费在一个不赢利的渔业模式里。

渔业成本与所采用的技术形态有关。在荣成地区的捕鲨业中，超过 95% 的产量都来自钓鱼业的贡献。由于每艘渔船一次只能钓到一条鲨鱼，鲨鱼偏爱鳗鱼等大块饵料，而小型鱼类则不可能摄食它，因此用钓钩生产一吨鲨鱼的费用比其他渔业获得相同重量的鱼肉的费用要高得多。上述特征缩减了技术的选择空间，将捕鲨者束缚在昂贵的钓鱼业上，又不能创造出额外收益来降低成本。以下是烟墩角在投入捕鲨计划第二年的生产资料预算（见表 3–2），鲐鱼、毛虾、鳐和鲨鱼构成了当地渔民最重要的谋生资源。

表 3–2　1953 年烟墩角合作社渔业生产资料计划表

品名	单位	单价（元）	数量	总额（万元）	用　途
棉纱	捆	205000	300	6150	围网渔业、定置网渔业
网线	副	35000	90	315	挂网渔业
鲅子鱼线	筐	90000	60	540	鳐钓鱼业
小鱼钩	把	60	5000	30	
铁锚	公斤	8000	175	140	
铁线	公斤	300	5000	150	捕鲨业
大鱼钩	把	300	600	180	
红麻	公斤	9200	1000	920	

注：1955 年发行第二套人民币，新旧币比值为 1∶10000。

资料来源：《荣成县第六区烟墩角村渔业生产合作社组社的材料整理》（1952 年）。

① 《烟墩角渔业合作社组织情况总结》（1952 年），荣成市档案馆藏，档案号：16–48。

计量单位的差异不会影响对各项渔业成本的评估。棉纱是围网和定置网渔业的重要生产资料，一捆棉纱可以编织成 90 张围网、200 扣虾板网或者 15 只虾袋网，制造这些渔具很少采用其他原料。而捕鲨业的原料成本则昂贵得多：每公斤红麻价格在 9000 元以上，大概能搓成 8 条麻绳，每条绳子末端只能绑上一个钓钩。从钓鱼业内部看，经营捕鲨业的门槛远远超过鳐钓鱼业，一把鲨鱼钓钩的价钱可以购买 5 倍数量的小型钓钩。事实上，这份统计并没有考虑渔船因素：由于自身的危险性，捕鲨业对船体长度的依赖程度也比其他渔业更高。

在 20 世纪 50 年代的荣成地区，捕鲨业自身是一个资源量低和稳定性差的部门，这种产量的劣势并没有以低廉的成本作为补偿。如果不是鱼肝油工业的刺激，很难设想在这片渔场上发生过大规模的捕鲨活动。计划实施后，假如听任渔民在资源量和成本的基础上进行自主决策，那么捕鲨业很可能被最终放弃。所以捕鲨活动的资源禀赋必须给予系统地考虑：渔船和生产资料必须马上建造和供应，银行应该以能够承担的利率提供贷款；统购链条必须建立起来，公共机构应该按期收购绝大部分的产量，并进行有效的价格控制。在捕鲨计划的推进中，合理的政策导向将有助于克服生产和流通环节上的障碍。

第二节　生产环节的政策导向：借贷与奖励制度

从借贷角度考虑，捕鲨业需要两种不同期限和功能的贷款：一方面，鲨鱼群的栖息海域没有重叠在传统的浅海渔场上，捕鲨活动需要在风灾频繁的远海进行，而渔港设施也不可能为那些远离港口的渔船提供保护。鲨鱼是一种嗜血而富有攻击性的动物，猎取每条鲨鱼都要经历漫长的搏斗过程，很容易造成渔船倾覆。如果为减低风险而建造大型渔船，就需要一笔高额的长期贷款。另一方面，鲨鱼群的密度在夏季达到峰值，秋季后，渔民会随着经济鱼类的增加而放弃捕鲨，直到第二年的夏季到来。生产周期的间隔给生产资料的循环使用制造了难题：麻绳、钓钩和铁丝等工具都不能长期耐受海水腐蚀，很难被带入下一个生产周期。渔民在每个周期都需要一笔短期贷款以更新生产资料。

1951年岁暮，银行决定向捕鲨者发放低息贷款。[①] 尽管贷款的形式、期限和数额存在差别，但是在解决资金问题上的功能相似：长期的高额贷款是为建造新渔船而拨付的，短期的低额贷款被用来购买生产资料，但原本计划在渔船改造上投入的贷款基本没有兑现。

到1957年，贷款已经帮助生产者购买了近100艘专门的捕鲨船。还有一些渔船尽管不是为捕鲨而建造的，但它们拥有宽阔的船身，能够从一种渔业自由地转移到另一种渔业。船主在夏季用麻绳和钓钩替代已经卸下的流网，它们就变成季节性的捕鲨船。遭受意外损失的船主会得到额外的贷款援助。1956年，一位渔民的渔船被暴风打翻了，当他准备放弃捕鲨时，银行决定为他提供第二笔贷款。

渔船改造运动也在进行着，它试图直接将一部分现有的渔船转变成捕鲨船。1951年，官方准备改造130艘流网船，[②] 这个数字超过全部渔船数量的1/6。但该计划因为缺乏资金而被搁置，且被列入计划的很多渔船都达不到捕鲨船的最低尺度。1953年，在一个渔业生产组的5只舢板中，大型渔船没有超过半数；另一个生产组拥有4只舢板，只有最大的

① 《荣成县人民政府一九五二年水产工作计划》（1951年），荣成市档案馆藏，档案号：16-48。

② 《1952年荣成县人民政府渔船登记工作总结》（1952年），荣成市档案馆藏，档案号：16-48。

2 只流网舢板被批准参加捕鲨业。[①] 如果指望改造现有的渔船来完成计划，除非将整个渔船的甲板换掉。到 1954 年，随着新建造的捕鲨船的普遍应用，这一计划已经没有启动的必要了。

整体上看，贷款支撑的渔船建造计划实现了预期目标，改造运动只是一段失败的插曲。渔船一旦被建造起来就可以长期使用，剩下的问题是向渔民提供基本的生产资料。捕鲨业主要由 3—7 人的生产单位经营，这种单位自身很难产生“过剩”劳动力以增加对新渔船的需要，不过它在每个生产周期都会产生对生产资料的需要。

1952 年，捕鲨者只能通过与水产公司的预购合同来获得生产资料。[②] 水产公司预付给渔民一笔订金，双方签署预购合同，合同规定产品的收购量和价格，渔民在期满后用捕鲨业的收益偿还订金。预购合同往往附带一定数量的生产任务，而产量和供需关系却经常变化。公司和渔民都声称自己在合同中承担了更多风险，并试图从预购制度中脱身。1954 年，银行提供的一项购买生产资料的短期贷款取代了预订金。贷款期限是 3 个月，与捕鲨业的一个生产周期相同。

除了拨付贷款外，政府还向达到标准的生产者提供奖金、生产资料或授予锦标。奖金和生产资料是按照产量发放的，而锦标则被授予那些推进捕鲨计划的人，例如 1953 年向政府保证“不闲一个人”的两个互助组。[③]

奖励制度只能对渔民中的某一集团有利，因为标准是向一部分生产者倾斜的。政府在 1952 年做出对捕鲨者实施奖励的许诺。1953 年，第

① 《八区蔡家庄高恒山渔业生产合作社总结》（1953 年），荣成市档案馆藏，档案号：16–73。

② 《为做好伏季准备工作及大力开展钓大鲨鱼紧急指示由》（1952 年），荣成市档案馆藏，档案号：16–48。

③ 《为转寄李本林等互助组爱国丰产竞赛书，以掀起渔业劳动竞赛运动的高潮由》（1953 年），荣成市档案馆藏，档案号：16–73。

一批物资奖励如期地发放给产量最高的 13 户生产者。[①] 定额奖励制度是在 1954 年出台的，它规定产量超过 5000 公斤的渔民将获得 5% 的奖金。[②] 该标准对 6 人以上的生产单位明显有利，他们的渔船拥有宽阔的甲板，容易捕获比较重的鲨鱼，而小型渔船几乎不可能完成这一产量。政府在 1955 年增加了对小生产单位的奖励条例，规定产量超过 4000 公斤的 3—4 人的生产单位，将与产量超过 5000 公斤的 6—7 人的生产单位同样获得 5% 的奖金。新条例对小生产单位和个体渔民仍然不公正，他们完成各自的产量标准比大生产单位要困难得多。

从生产环节上看，鲨鱼的食谱结构对渔业技术产生限制，迫使渔民采用成本昂贵的钓鱼业，捕鲨活动的危险性也提高了工具门槛，启动计划的前提是建造大型渔船，这需要一笔长期贷款给予扶持；鲨鱼产量的峰值只能持续一个夏季，下一轮的捕鲨活动是几个月以后的事情，生产周期的间隔影响到生产资源的循环使用，从而产生对购买新工具的短期贷款的需求。考虑到这些特征，政府提供过两笔期限和功能不同的贷款。另一条资本供应渠道是奖励制度，后者采用倾向大生产单位的产量与价值标准，并促使捕鲨者自发地改变其组织形式。

第三节　流通环节的政策导向：统购链条

仅仅把钱扔到计划上是实现不了计划的。由于自给性的渔业目标降低了工业原料生产的地位，捕鲨业在产品流通环节上面临难题：鲨鱼是软骨鱼纲遗留下来的活化石，拥有一副钙化程度很低的骨骼，无法提供

① 《一九五三年水产工作总结报告》（1954 年），荣成市档案馆藏，档案号：16-73。

② 《为通知一九五四年捕鲨奖励办法由》（1954 年），荣成市档案馆藏，档案号：16-99。

足够的支撑力量，促使它们演化出对抗水体压强的粗壮肌纤维，但是这类粗糙的鱼肉并非人类感兴趣的食物。鲨鱼肝脏和皮革不像植物的果实或种子那样，能够作为生产资料投入本部门的再生产过程，也不能提供日常食物。由于捕鲨者在产品出售上的选择有限，鱼肝油工业上也缺乏鲨鱼肝的替代品，企业和渔民都赞成将产品纳入稳定的统购渠道上去。

鲨鱼交易的变化趋势表现为市场被逐步纳入政府收购的过程。在稳定的收购制度建立前，允许自由市场的存在是必要的，尽管它不利于控制价格。[①]1952 年，鲨鱼肝脏被纳入统购计划，不过市场交易并没有迅速结束。由于合作社保留有一定比重的收购品，而且可以在指定市场上出售，鲨鱼交易还维持着统购与市场并存的状态。1954 年，政府决定由青岛市水产公司向渔民统一收购 15 公斤以上的鲨鱼，并准许公司派出装备有制冷设施的机轮跟随渔船出海收购。[②]1955 年，设在石岛的支公司接管了全部的收购任务，并提出几项保鲜要求。在 1956 年的一份加工报告里，渔业产品的收购计划都附带着一定数量的自由商品，而白鲨和双髻鲨都是作为非自由形式的初级加工品被纳入计划的，[③]这表明鲨鱼肝脏的市场交易被关闭了。1957 年，对渔民生产的鱼肝不再开放自由市场，不过收购计划外的产品（例如鱼肉）的市场交易并没有被禁止。

计划初期，水产公司承担着多重工作目标。它在 1953 年从预购合同中脱身出来，转向职能单一的收购机构。随着自由市场的关闭，公司得到了规定收购标准的权限，由于它在渔民和企业的分歧上明显地偏袒后者，其标准侧重于反映工业需求而不是生产成本。

---

① 李玉尚：《海有丰歉：黄渤海的鱼类与环境变迁（1368—1958）》，上海交通大学出版社 2011 年版，第 59 页。

② 《为大力开展捕鲨渔业生产由》（1954 年），荣成市档案馆藏，档案号：16–99。

③ 《荣成县高恒山渔业生产合作社五六年五定鱼工制进行的情况报告》（1956 年），荣成市档案馆藏，档案号：40–1。

倾向企业的收购标准使生产者的利益受到挑战。计划初期的最低限价是一项保护制度，在理论上渔民生产每吨产品的最低收益都是相同的。官方在 1952 年公布了第一份捕鲨业的限价文件，规定大鲨鱼的最低收购价格是 2400 元 / 公斤，小鲨鱼是 2000 元 / 公斤（折合 1955 年后的 0.24 元和 0.20 元）。但是工业对原料的限制并未消除，而限价条例只能在收购标准内实现价格保障的目标。对统购计划外的、达不到 15 公斤的鲨鱼的最低限价成为一纸空文：当鱼肝等工业原料被收购后，处理鲨鱼肉的难题就扔给了渔民。1957 年，鲨鱼肉在自由市场上以 0.038 元 / 公斤的低价抛售，捕鲨业被评论为“肝顶本，赚肉吃”的产业。[①]

统购制度实施后，价格波动的底线已经不再被工业需求所左右，但是后者的变化决定着鲨鱼价格维持在底线以上的什么水平。当某一年度的工业部门发展造成对特定资源的需求量增加时，就会提高其价格和利润。最初的鲨鱼价格是根据鱼肝的含油量和营养成分来制定的。[②]1953 年，捕鲨者的收益并没有受到减产的影响，原因是“鱼肝的价格很好”。[③]随着鲨鱼制革实验的成功，人们发现白鲨皮的结构坚韧并且容易染色，青鲨皮本身的颜色会对染色造成影响，而七鳃鲨的制革实验却宣告失败，[④]白鲨和青鲨的价格随即被抬升起来。1954 年的考察报告指出，单位重量的七鳃鲨在生产成本上超过白鲨和青鲨的一倍多。[⑤]这份建议使七鳃鲨的收购价格被提高到与白鲨相同的水平。

由于生产期比产量更加稳定，鲨鱼价格也显示出比产量更显著的季

① 《荣成县水产局关于 1957 年鱼价方案的意见》（1957 年），荣成市档案馆藏，档案号：40–2。

② 《为调整鲨鱼收购价格由》（1952 年），荣成市档案馆藏，档案号：16–48。

③ 《一九五三年水产工作总结报告》（1953 年），荣成市档案馆藏，档案号：16–73。

④ 《为转知剥制鞣革用鲨鱼皮的办法由》（1953 年），荣成市档案馆藏，档案号：16–73。

⑤ 《荣成县关于开展 1954 年捕鲨渔业情况报告》（1954 年），荣成市档案馆藏，档案号：16–99。

节性集中趋势，其成因是不同季节产品的质量差距。计划初期不存在季节差价。1956 年的一份报告指出：由于 5、6 月的水温更低，该时期生产的鱼肝比 7、8 月的产品更容易保鲜。① 根据建议，夏季的鲨鱼价格被调整到一年中的最低水平。

在流通环节上，捕鲨活动更多地呈现出商品化生产的特征，其收入的稳定性是对渔民决策的积极提示。统购制度建立后，捕鲨业处在一个与市场相对独立的、通过水产公司联系企业与渔民的链条上，明显削弱了价格波动的影响。但是有效的价格调控仍然是必要的，其目标是控制年度差价以及保持合理的季节差价。如果工业需求改变引发价格的年际波动，从而破坏捕鲨业内部的成本与利益平衡，就应该调整不同鲨鱼的收购价格；但是生产时间造成的质量差距，则不能通过对低品质产品实施价格保护来消除——相反地，政策会增加不同季节的鲨鱼肝脏差价，以提示渔民在最合理的时间进行捕鲨活动。

第四节　社会效应：生产方式和职业结构的转变

捕鲨渔民仍然是农村劳动者的有机组成部分，其数量和劳动习惯影响到农村生产活动的结构和形式。当一个渔村在锄头和渔船之间面临抉择时，生产者对产业选择拥有表决权。首先确立捕鲨制度的是没有土地的村社，那里的渔民有着长期的捕鲨史；② 在另一些村社，土壤盐碱化构成了与缺乏土地相似的农业障碍，渔民在刚接触到捕鲨业后就确立了这

① 《荣成县人民委员会关于对 1956 年第三季度鲨鱼价格安排的通知》（1956 年），荣成市档案馆藏，档案号：16-156。

② 《为大力开展捕鲨渔业生产由》（1954 年），荣成市档案馆藏，档案号：16-99。

项生产制度；但是当村社拥有适合耕种的土地时，生产者会采取偏重麦田劳动的生产方式。这并不意味农业能够创造出比渔业更高的价值，而是其劳动更多地用于食物生产。1952 年，第七行政区的管理者没有执行计划的打算，水产工作者被派往山区进行小麦育种试验，[①] 他们认为没有任何工业原料能够替代粮食。

很多政府管理人员认为一些村社抵制捕鲨业是渔民的懒惰造成的，他们试图说服那些怀着“歇一歇的思想”的人重新回到渔船上。[②] 事实上，放弃捕鲨业并不会造成劳动力的闲置：对 20 世纪 50 年代的渔村来说，捕鱼和种植小麦都是重要的活动，这一状况被描述为“半渔半农”的生产方式。[③] 计划开始前，家庭中的成年男人承担着主要的麦田劳动，妇女和儿童在繁忙季节也会参加这项工作。在第八行政区的一个拥有 400 多个成年男人的渔村，农业渔民的数量远远超过职业渔民。

渔业的每日劳动强度比农业高的事实经常被拿来作为农业渔民“懒惰”的证据。事实上，农业渔民每年的劳动日比职业渔民更多：荣成渔场在 1952 年遭受过 8 次台风侵袭，渔船被禁止出海。从夏季渔业中脱身的劳动者选择经营农业，他们在村社和家庭的麦田上进行收割。捕鲨计划开始前，这一勤劳的生产方式已经持续了很长时间。

1952 年夏季，正在麦田上劳动的农业渔民收起镰刀，重新投入与传统习惯相冲突的捕鲨计划中。未完成的麦田收割工作是由各个村社里紧急发动起来的家庭妇女完成的。[④] 在第八行政区的一个渔村，1953 年夏季的连续阴雨给收割带来麻烦，捕鲨者担心小麦在潮湿天气里会发芽。村

---

① 《文登市人民政府第三季度水产工作总结》（1952 年），荣成市档案馆藏，档案号：16–48。

② 《文登市人民政府第三季度水产工作总结》（1952 年），荣成市档案馆藏，档案号：16–48。

③ 李玉尚：《海有丰歉：黄渤海的鱼类与环境变迁（1368—1958）》，上海交通大学出版社 2011 年版，第 63 页。

④ 《文登市人民政府第三季度水产工作总结》（1952 年），荣成市档案馆藏，档案号：16–48。

社的理事会通过了实施包干制度的决议，由成员共同承担可能遭受的粮食损失。[①]50年代中期，这些经验被很多村社所效仿，问题似乎得到了解决：妇女在夏季被动员起来种植面积不大的麦田，确实替代了传统的季节性农民；包干制度使捕鲨者面临的经济风险被其他成员共同承担了。事实上，渔业并没有赢得这场产业利益竞争，因为决议的实质是通过把渔业的风险转移到种植业上以消除后者的优势。假如没有上述决议，农业渔民转向职业渔民的进程会缓慢得多。

表3–3　1952—1957年间几个地区的职业渔民与捕鲨船的数量统计表

	海阳		荣成		烟墩角社		高恒山社	
年　份	1953	1957	1952	1957	1952	1957	1952	1957
职业渔民P（人）	1968	1943	2547	5768	117	133	61	111
渔业人口T（人）	3903	3871	6166	9308	637	663	265	297
P/T比重（%）	50.42	50.19	41.31	61.97	18.37	20.06	23.02	37.37
捕鲨船S（艘）	5	0	111	238	2	6	4	10
总渔船F（艘）	871	836	1874	2296	29	43	13	29
S/F比重（%）	0.57	0	5.95	10.37	6.90	13.95	30.77	34.48

资料来源：《海阳县人民政府上半年渔业生产工作总结》（1953年）；《海阳县人民政府1953年渔业生产工作总结》（1953年）；《海阳县水产科1957年工作总结报告》（1958年）；《1952年荣成县人民政府渔船登记工作总结》（1952年）；《荣成县水产局关于上半年水产工作的总结报告》（1957年）；《荣成县第六区烟墩角村渔业生产合作社组社的材料整理》（1952年）；《烟墩角渔业社关于勤俭办社的经验》（1957年）；《文登专区高恒山渔业生产合作社典型报告》（1952年）；《螺海渔业社社长高恒山的模范事迹》（1957年）。

这是1952—1957年几个地区的渔民与捕鲨船的数量统计：50年代中期，荣成县的渔业人口比重增加是显而易见的事情；而很多中途放弃

① 《高恒山渔业合作社是怎样组织起来的》（1952年），荣成市档案馆藏，档案号：16–48。

捕鲨业的地区却发生了渔民减少的迹象，海阳县只是其中之一，渔业机构甚至对此感到担忧。[①] 在两个投入捕鲨计划的村社——烟墩角和高恒山，S/F 与 P/T 的比重几乎呈同等比例的增长，而其他渔船的比重与后者却达不到相似程度的吻合。由于高恒山的土地更少，夏季种植业发生了相对强烈的向捕鲨业转化的趋势。尽管职业结构的变动也存在某种社会因素，但是从渔村自身的生产方式上看，捕鲨业扮演的角色可能比其他的渔业部门更为关键。

渔业内部的生产结构也在悄然地发生变化。渔民在确立一项周期性劳动时一般倾向于选择利益稳定的部门，而捕鲨业几乎不可能稳定地提供产量。但是，特殊的生产期和逐渐强化的统购渠道成为捕鲨业的优势，使它能够以自然扩展的方式建立起来。

捕鲨计划不是在同一般性渔业资源的竞争中确立的，它们的生产期没有冲突。由于经济鱼类在夏季数量剧减，在这一时期将人员和工具转移到捕鲨业上是合理的。对捕鲨业的偏见更多的是历史原因，直到 1952 年，它还被认为是一项缺乏市场保障的“大红大白的生产”。[②] 问题最终是通过统购制度解决的：当水产公司稳定地进行鲨鱼收购时，一个类似于种植业的利益保障体系就建立起来了。

在钓鱼业内部，捕鲨业成功地排挤了它的竞争对手——鳐钓鱼业，两者的生产期相同并构成利益竞争。虽然采用棉线和小型钓钩的鳐钓鱼业技术门槛相较捕鲨业低，且鳐比鲨鱼更适合作为一种日常食物，但是当统购制度建立后，产量与价格对渔民的选择产生重要影响。1957 年，投入捕鲨业的亚麻线是捕捞鳐的棉线数量的 3 倍，最后得到相当于后者

---

① 《渔民减少和渔船剩余处理情况报告》（1956 年），海阳市档案馆藏，档案号：56–4。

② 《文登市人民政府第三季度水产工作总结》（1952 年），荣成市档案馆藏，档案号：16–48。

5倍的产量。鳐的肝脏价格是鲨鱼的1/2，[①]而它在含油量上不可能与67%的鲨鱼肝相比。鲨鱼的肝脏比重达到10%以上，这个数字也远远超过相同重量的鳐。从事鳐钓鱼业的渔船在1956年下降到全部钓鱼船的20%。随着捕鲨计划的推进，鳐在钓鱼业中几乎快要被遗忘了。

捕鲨活动通过两种途径冲击着传统的生产方式：一方面，捕鲨业的相对利益距离压倒种植业的目标还很远，但是某些转移经济风险的决策推进了这一过程，从而帮助农业渔民确立常年进行渔业生产的制度；另一方面，产业利益的稳定性能够对生产者的选择倾向产生影响，捕鲨业最终被纳入一个比其他渔业更稳定的统购渠道，这让越来越多的职业渔民改变以往的生产习惯，在夏季加入捕鲨者的行列。

小　结

资源开发的有效管理需要通过合理的政策导向来实现。这项管理的一个极端是严格地控制，即由政府指定开发某种资源，允许或者禁止什么样的开发活动；它的另一个极端是最低限度地使用政府的权力，提出一些有倾向的开发建议，而不是替代开发者作出决策。正如大多数成功的资源开发那样，20世纪50年代的捕鲨计划结合了影响与控制两种不同的政策导向：一方面，政府通过政策对生产者的选择施加影响：提供贷款和奖励，建立统购链条，从而消除资本和流通环节上的障碍。另一方面，当捕鲨业被列入生产日程后，渔民的行为也受到严格控制：自由市场被逐渐关闭，产品必须通过统购渠道、以指定收购标准和价格出售

① 《荣成县人民委员会关于对1956年第三季度鲨鱼价格安排的通知》（1956年），荣成市档案馆藏，档案号：16-156。

给公共机构。

从开发后果评价，捕鲨活动所引发的社会效应远远地超过其“破坏”的自然效应。20 世纪 50 年代，鲨鱼群距离生物学定义的过度捕捞还很远，但是在这一合理的开发限度内，渔民必然选择最有利的资本、劳动力与生产资料相结合的方式。计划开始后，农业渔民逐渐采用渔业作为替代季节性种植业的生产方式，而在夏季渔业已经确立的那些地区，还继续保持着向捕鲨业过渡的趋势。随着捕鲨业作为周期性的劳动习惯被确立下来，一场地区性的生产方式转变也悄然地完成了。

尽管捕鲨业的案例不可能揭示开发活动中的全部问题，但是它提供了新的评价开发方式与效应的维度。当前的环境史研究应该超越“开发—破坏”的雷同模式，例如可以将视野转向开发进程中的资源禀赋与政策导向：政策本身受到环境、资源以及产业特征的影响，而资源禀赋要素也反过来得到政策的认可和强化；环境史不是以破坏为取向的关系史，揭示资源开发的社会效应的意义要远远超过记录几段雷同的破坏史——成功的开发意味着新的劳动习惯与周期的形成，这些都深刻地改变着人们的谋生方式和职业结构。

第四章　海洋风暴、应灾模式与社会变迁

海洋被当代人喻为博大而广阔的资源库，迄今为止，它并不完全为人类所知。天体引力、热量辐射和大气运动塑造着地球上的海水形态：热带洋面孕育着全球最复杂的气旋系统，每年有 70 多个飓风或台风从这些涡旋里产生；遥远的大陆内部是寒潮的发源地，在长途跋涉到达海面后，有些寒潮性质会发生变化。气旋和寒潮经常裹挟着强大的风力，抛起数米高的气旋浪或冷空气浪。这些海洋风暴连同次生的海啸、洪水及龙卷风等构成一个灾害链条。西方的环境史学家——从杰伊·巴恩斯（Jay Barnes）、路易斯·佩雷斯（Louis Perez）到克里格·科尔滕（Craig Colten），已经追溯了风灾的起源、各个承灾体的受灾强度、不同社会群体的灾害观以及人类如何在废墟上重建家园等。①

早在航海和渔业发端的时代，中国人就开始了抗拒风暴的历史。中

① Jay Barnes, *Florida's Hurricane History*（Chapel Hill: University of North Carolina Press, 1998）; Louis Perez, *Winds of Change: Hurricanes and the Transformation of Nineteenth Century Cuba*（Chapel Hill: University of North Carolina Press, 2001）, pp.139–155; Craig Colten, *Perilous Place, Powerful Storms: Hurricane Protection in Coastal Louisiana*（Jackson: University Press of Mississippi, 2009）, pp.147–160.

国学者以各自的方式解释着这类灾害。从外交史角度看，朝贡贸易与邦交关系驱动下的远航活动在某种程度上增加了海难的发生率。汤熙勇、刘序枫和松浦章曾联合主持了一项海难研究计划，该计划旨在发掘从鄂霍次克海到南海之间的广袤海域的海难资料。[①] 而历史地理学者把风暴潮视为天灾与人祸的耦合，他们听取了很多富有人文关怀的建议，并且注意到灾害的生态影响和后续的治理模式。[②] 在社会经济史领域，学者们侧重于揭示海洋灾害与经济和社会的互动，强调海上社会群体的悲情意识和冒险精神。[③] 当然，不同的研究领域之间并非彼此平行的直线，整体性考察是当前的趋势。

20世纪50年代的胶东渔业处在技术和政策的转型期，机帆船马达的轰鸣声替代了古老的渔歌，渔民纷纷放弃传统休渔期而转向冬季生产。1949年，山东省气象局发布了第一份安全生产指示，这份文件被湮没在一堆乐观的增产报告里。可是没过多久，它所预言的危险情况就开始频繁发生。

本章结合了环境史与社会史的研究方式：一方面，风灾是瞬间暴发的历史事件，应该放在客观的时空坐标上进行分析；另一方面，这些灾害对社会的观念和行为建构过程具有持续的影响力。同时，我们对传统研究范式提出反思：第一，学者们将海难视为贸易、航海和制度因素的联合效应，其视野被局限在海岸线之内，为什么很少有人谈论风暴与渔业之间的相关性？第二，20世纪前的公众应灾活动往往源自其长期的经

---

① 汤熙勇主编：《中国海洋发展史论文集》第7辑，“台湾中央研究院人文社会科学研究中心”1999年。

② 吴松弟：《1166年的温州大海啸和沿海平原的再开发》，载复旦大学历史地理研究中心编《自然灾害与中国社会历史结构》，复旦大学出版社2001年版，第421—428页；冯贤亮：《清代江南沿海的潮灾与乡村社会》，《史林》2005年第1期，第30—39页。

③ 杨国桢：《东溟水土：东南中国的海洋环境与经济开发》，江西高校出版社2003年版；于运全：《海洋天灾：中国历史时期的海洋灾害与沿海社会经济》，江西高校出版社2005年版。

验积累，并依赖于防御性设施与技术的缓慢进步，可是现代社会中的灾害如何迅速地改变了这一行为模式？第三，传统时代的人们缺乏预测灾变的科学手段，只能根据自身承受的风险被动地改变着与自然和其他群体之间的相处模式。随着气象科学的发展和暴风警报网的建立，传统的灾后治理演化成完整的应灾链条，同时也引发了传统观念与前沿科学，以及行政管理与自发活动之间的激烈碰撞。那么政府应该通过什么方式解决这些冲突？本章将试图回答这些问题。

第一节　渔业转型与海洋风暴

从拾取贝壳和投掷鱼叉的时代算起，人类与海洋的联系已经持续了数千年。在胶东渔村的传统文化里，海洋被视为一种变幻莫测的自然力量。沿海的宗教和祭祀活动强化着人们的敬畏情绪，地方志的插画里描绘了在海浪里颠簸的、被矮化的人类形象。在海难中丧生的渔民很快就被遗忘了，只能从当地的列女名录里找到他们守寡的妻子。[①]这种传统的渔业模式一直延续到20世纪前期。当新式机帆船和渔轮出现在黄海北部的时候，大部分渔民仍然继承着传统的近海渔业，遵循着大自然设置的休渔期。几个世纪以来，技术与工具限制和季节性休渔习惯让他们避开了很多恶劣的天气。

胶东半岛的远航活动可以追溯到传说中的徐福东渡。在7世纪的唐朝，登州港已经成为一个船舶云集的锚地。商船从这里起航，驶向黄海

① 同治《宁海州志》卷一《十景图》，同治三年刻本；民国《牟平县志》卷八《列女》，1936年铅印本，第38页b、第40页b；民国《高密县志》卷四十九《人物志·列女》，1935年铅印本，第10页b。

彼岸的朝鲜半岛，僧侣和使节们频繁地穿梭在中日之间的航线上。与商人和官员相比，渔民的大规模远航要迟得多。19 世纪晚期，鲱鱼从这片海域消失了，渔民随着鱼群位置变动而进行季节性迁徙。[①] 几十户渔民合伙建造一张大风网，到朝鲜西海岸或者渤海湾内侧捕捞鲱鱼和小黄鱼。风网的作业深度在 5—15 米，迁徙者们没能摆脱近海渔业的限制，只不过是把渔场转移到另一段海岸线附近。

从 1951 年开始，政府加速了推广机帆船的进程，该计划对高度依赖燃气动力的现代拖网渔业更有利。人们开始给渔船卸下风网，装置拖网。50 年代中期的调查显示，拖网机帆船的捕捞半径已经延伸到 100 千米外的深水区。[②] 钓鱼业也发生了转变：传统时代的渔民主要采用钓钩捕捉鳐和魟，相对于笨拙地游动觅食，后者更喜欢躲在海底伏击猎物。由于一副延绳钓钩只能下潜到水底 20 米，所以渔民大量时间都在浅海渔场上劳动。同一时间，胶东半岛在鱼肝油工业的刺激下开展了捕鲨业。与懒惰的鳐相比，鲨鱼是游动性的掠食者。海水深度对捕鲨业的束缚不明显，渔民只要把钓钩伸到水层中部就可以了。1956 年，捕捞青鲨的渔船曾抵达 70 多米深的海域。[③] 与资源量变动引发的古典式迁徙渔业不同，50 年代发生的技术与工具变革让渔船驶向更远的海域。

台风是诞生在西太平洋上的强热带气旋。它们的代号千奇百怪，而结构却惊人的相似。沿着台风边缘驶向内部，可以观测到万里晴空是如何变成暴风骤雨的：外围的空气沉降造成风力不断增加，随着离中心区越来越近，风力将达到顶峰，并伴有滂沱大雨。一些强劲的台风可能会

---

① 李玉尚：《海有丰歉：黄渤海的鱼类与环境变迁（1368—1958）》，上海交通大学出版社 2011 年版，第 232—254 页。

② 《几种渔具的经验介绍》（1956 年），牟平区档案馆藏，档案号：75-10。

③ 《荣成县水产局关于渔业代表技术会议情况报告》（1956 年），荣成市档案馆藏，档案号：40-169。

长途跋涉，把灾难带到北纬 36° 北侧的海域。

渔民抗拒台风的能力受渔场距离的影响较大。传统时代的渔民在海岸线附近活动，当遭遇风暴时有可能逃离危险的海域。20 世纪 50 年代以后，大量的渔民随着拖网渔业和捕鲨业的盛行而离开近海，一场台风可能给他们带来致命的灾难。1952 年 10 月，一艘返航的捕鲨船因为遭遇台风而抛锚了。第二天早晨，当受困的渔民试图转移到其他海滩时，海浪掀翻了他们的渔船。幸运的是，附近的村民很快就发现了这艘渔船，并且成功地营救起 6 个落水者。[①] 如果捕鲨船不是在返航途中而是在远海上遭遇台风，这些渔民可能已经在风暴中丧命了。

从春天沿着鲅鱼的洄游路线撒下第一张网，到秋天满载着大头鳕返航，北方渔民每年都这样周而复始地劳动着。随着寒冬降临，最重要的经济鱼群已经转移到南方的越冬场，只剩下少数鱼类还停留在黄海北部，大海迎来了一年之中最安静的季节。胶东海岸线上的上百个渔村仍然有冒着严寒出海捕鱼的人，这造成了冬季渔业很普遍的假象。事实上，这类渔业在一个村落里往往只是几户人的事情。尽管鱼群稀薄的海域还能提供有限的产量，可是渔民不愿意为此承受恶劣的环境，他们储备的咸鱼能够维持几个月的蛋白质来源。

50 年代初期，很多沿海渔村被卷入冬季渔业生产的热潮，位于荣成县东端的烟墩角就是其中之一。1951 年，这个村社仅有 6 只舢板从事冬季渔业。第二年冬天，出海捕鱼的舢板增加到 15 只。1954 年，社员们集资购买了一艘载重 10 吨的机帆船，把落后的木帆船拉到渔场上，等渔民放下定置网，再把渔船拖回岸边。在此之前，冬季渔业受到限制往往是由于产量抵不上驱动渔船的人力成本，而机帆船的应用改变了这一困

① 《荣成县十月份灾情情况报告》(1952 年)，荣成市档案馆藏，档案号：16-48。

境。1956 年，荣成县的冬季钓鱼船和流网船已经增加到 252 艘。[①]

但是有些地区并不赞同这项生产，正如相关政府官员担忧的那样，冬季渔业意味着同这个寒潮最频繁的季节打交道。1955 年，胶东各地区之间开展了一场劳动竞赛。截止到 10 月，海阳县的渔获量只完成了预期数字的 84%。歉收让渔民感到羞愧，他们试图通过冬季渔业运动来缩小与丰产地区之间的差距。海阳县政府发动了 115 艘挂网船、80 艘钓鱼船和 1000 多个渔民参加生产。[②]但是接踵而至的寒潮给整个计划蒙上了一层阴影：在不到两个月的时间里，这片渔场遭受了 3 次寒潮袭击。风浪把渔船阻隔在岸边，渔民被迫临时中断生产期。第二年春天，渔业部门宣布这项计划只完成了预期产量的 20%。

如果说传统时代的渔业处在一个封闭的环境里，人们长期积累的经验有助于选择成熟的应灾策略，那么技术与政策的转型就打破了地域和季节的藩篱。当然，这一过程并非纯粹的时空扩展，因为渔业的预期目标也发生着变化。在自给性渔业占据统治地位的阶段，人们出售渔获物换取日常生活所需的谷物，然后为漫长的寒冬储备足够的咸鱼。20 世纪 50 年代以后的渔民已经不再满足于猎取基本的食物，他们试图建立周期性的渔业模式，这种模式中的很多劳动被简化为日常工作的重复，从而避免进行某些临时性抉择。可是气象灾害并不完全是周期性的，台风和寒潮的袭击降低了渔业的效率，有些部门在产量最高的时期被迫停顿，这种损失很难通过增加劳动时间来补偿。例如，夏季的捕鲨期就经常与台风的活跃期相重叠。1954 年，遭受台风侵袭的荣成渔民曾放弃了半个

① 《荣成县水产局初冬季生产及渔民生活情况报告》（1956 年），荣成市档案馆藏，档案号：40–1。

② 《海阳县人民委员会水产科关于 11、12 月份水产工作计划》（1956 年），海阳市档案馆藏，档案号：56–4。

月的捕鲨活动。[①]

风暴把人们从乐观的增产计划里拖回了现实，使他们认识到仅仅依靠渔场上的技术革命和规划者的一纸蓝图不可能完全避免环境挑战。20世纪50年代的气象学家已经具备了预测短期内天气变化的能力，然而提供科学的预测数据仅仅是这项工作的开始，接下来的任务是让公众及时地知晓暴风预警信息。

第二节　暴风预警体系：覆盖港口与村社的网络

从1952年起，气象部门在最重要的港口设立了6个暴风工作站。每个工作站配备一台收音机，由专职暴风员收听气象台发布的预警信号。[②]海岸线上也竖起了几座信号杆，得到预警信号的暴风员会在杆顶升起明显的标志物：白天是一面红色的警示牌，到了晚上就换成一盏白炽灯。但落后的预警设施经常受到人们的抱怨：警示牌仅能简单地提醒渔民，未能指示准确的风向与时间；夜间信号灯的亮度太低，远海的劳动者无法辨别信号灯与其他光源的区别。[③]

另一个严重问题是，最初的暴风站都设置在重要的港口附近，可是漫长的海岸线上排列着数百个渔村，而渔港提供的船位有限，渔船不可能全部停进狭窄的避风港里。在恶劣天气里返航的渔船只能暂时停泊在海滩上，经常被巨浪打翻。到20世纪50年代中期，港口建设被提上了日

---

① 《荣成县人民政府上半年渔业生产工作总结报告》(1954年)，荣成市档案馆藏，档案号：16-73。

② 《山东省暴风警报站管理试行办法》(1952年)，牟平区档案馆藏，档案号：75-3。

③ 《暴风警报站工作检查报告》(1953年)，荣成市档案馆藏，档案号：16-73。

程。按照预期规划，新渔港将给民用渔船提供更多的停泊位。1958 年春天，在几处政府重点建设的渔港，工程队员们拿着图纸穿梭在工地上，塔吊和起重机已经隆隆作响；而基层港口的改造工程却被反复推迟，1957 年筹建的大鱼岛港就是其中之一，它的竣工已经是 60 年代中期的事情了。

如果不能及时地把警报从港口传递到基层村社，就无法为居住在那里的渔民提供保护。当时港口与村社之间的联络工具是一部电话机和几辆自行车。暴风员在接收到警报后，会立刻通知那些已经安装电话的地区。而在通信落后的村社，这项工作只能依靠人力来完成：暴风站里设置了交通员，预警信息发布后，他们被派遣到偏远渔村去传达口头警报。当时的通信设施仅仅覆盖了不到 30% 的地区，而车轮不可能每次都跑在暴风前面。1952 年的一天上午，荣成县的暴风员收听到一股强台风正在向东北移动的警报，他随即拨通了几个村社的电话，而居住在偏远渔村和岛屿上的人们对这一危险却毫不知情。交通员按照惯例，准备第二天启程去通知那些尚未得到消息的村社，可是他还没来得及动身，风暴已经席卷了整个渔场。[①]

站在台风过后的狼藉上，相关管理者筹划着将预警工作移交给基层的可行性。在普及电话机还是收音机的问题上，他们选择了后者，因为无线电波比电话线更容易避开天气影响。20 世纪 50 年代初，除了暴风站里的职业工作者，普通渔民几乎不可能接触到收音机。1954 年，海阳县开始向基层合作社拨付专款，在两年多的时间里，收音机的数量从 6 台增加到 18 台。[②] 气象部门利用休渔期培训收音员如何架设天线、安装电池等。

收音机的普及过程还曾上演过一段插曲：气象部门低估了基层人员

---

① 《荣成县十月份灾情情况报告》（1952 年），荣成市档案馆藏，档案号：16–1–48。

② 《一九五五年上半年生产工作总结报告》（1955 年），海阳市档案馆藏，档案号：56–3–94。

的智慧，后者虽然从来没见过收音机这种稀罕玩意儿，却很快发现了它的一个娱乐功能——听戏。在1956年损坏的收音机中，绝大多数是因为超负荷运转而烧毁了电子管，其中一台收音机曾创造了每月修理三次的纪录，而这类故障经常找不到责任者。气象部门于是批评了村社里的戏曲爱好者，而后者却反过来抱怨机器的质量太差，要求政府更换坚固耐用的新收音机。① 为了避免额外的维修费，政府决定对基层的收音员进行监督，将其日常记录与气象局的每日档案进行定期核对。② 这一做法实施后，收音机故障的发生率开始显著降低，气象部门与基层人员之间的争吵也逐渐平息。

1954年以后，暴风预警的职责被正式移交给村社的治安委员会。该委员会成员包括社长、收音员和有经验的渔民，他们可以根据自身情况进行合理的日常决策。③ 没有配置收音机的村社则设法与邻近村社取得联系，以便及时地共享暴风信息。即使是那些只有十几个成员的生产队也会选出一个安全员，预警整个队伍可能发生的危险。

有些政府职员曾担忧，一个由收音员、安全生产组织和安全员组成的网络难以胜任预警工作，然而事实表明，这个基层网络在遭遇暴风时并没有陷入混乱，它甚至比政府规划得更加有序。20世纪50年代中期，很多村社都纷纷竖起了各自的信号杆。村社收音员与港口暴风站的工作者类似，都承担着收听预警信号和悬挂标志物的职责。两者的差别在于，收音员在例行公事以外，还会设法扩展其信息来源并采取互助模式：一位村社收音员在收听旅大台的广播后，会随即拨到山东台的气象频道，

---

① 《一九五五年上半年生产工作总结报告》（1955年），海阳市档案馆藏，档案号：56-3-94。

② 《牟平县1956年渔业生产合作工作及1957年工作意见》（1956年），牟平区档案馆藏，档案号：75-1-10。

③ 《一九五四年渔业生产工作总结》（1954年），海阳市档案馆藏，档案号：56-1-2。

这样他就可以获得两个电台发布的暴风预报。另一位收音员发现了附近海面上的一艘运货船，会马上通知船主返航，哪怕这艘船并不属于他所在的渔业社。

治安委员会还准备了几块黑板和一张布幅。台风过境前，治安委员会召集识字的乡村教师到办公室里写标语，再由治安委员将标语挂在最显眼的位置。大嗓门的社员们则拿起扩音器到处发布广播，提醒那些即将出海捕鱼的人。海面上的渔船之间最初缺乏有效的联络方式，经过共同协商后，大家统一采取了悬挂旗帜的办法。每当发现海岸上的暴风信号牌，船上的安全员会立刻在桅杆上升起一面自制的红纹旗，将危险告知远距离的同伴。相隔不远的两艘渔船之间有时通过声音传递警报，例如用竹筒和海螺发出三短一长的报警声，代表 6 级暴风即将来临。相邻的渔船在得到警报后，继续以相同的方式把信号传递给其他渔船。在一些设施落后的港口，渔民也找到了旗帜和螺号的替代品：他们可能会在桅杆上悬挂一只箩筐，或者用铜锣敲出类似节奏的报警声。[①]

这些联络方式的缺陷也很明显：它们只能在有限的视觉或听觉范围内传递警报。当两艘渔船之间的距离超过正常的视野又缺乏其他渔船作为声音传输中介时，联络信号就不起作用了。对此，工程师们设计了把收音机装到渔船上的方案。随着机帆船推广运动的开展，几家新的造船厂相继出现在政府的规划图纸上，先进的机帆船也成为这项安全实验的幸运儿。截止到 1956 年，牟平县 30% 以上的村社配备了 5—7 台收音机，其中大部分被安装在万斤以上的渔船上。[②]旧式渔船也跟着沾了光，一些聪明的渔民很快就发明出“母航带子航”的办法，他们的小船经常

---

① 《海洋生产天气信号》(1960 年)，烟台市档案馆藏，档案号：69-17。

② 《牟平县 1956 年渔业生产合作工作及 1957 年工作意见》(1956 年)，牟平区档案馆藏，档案号：75-10。

跟随装置收音机的机帆船出海。

暴风预警逐渐发展为一个成熟的体系，直到人们给渔船装置最先进的卫星定位与通信设施以前，它还在稳定地运行着。但是如果把抗拒风灾简单地理解为一个制度化进程，即政府建立预警制度以及基层人员对制度本身的创造性运用，那就忽略了灾害中的意识形态与行为模式的演变。社会成员对气象科学存在不同程度的认知，而同一场风暴给每个村社造成的影响也有所差异，所以人们对突发事件往往采取多样性的应对方式。由于公众的观念和决策很难通过制度化的手段解决，以致政府站在一个分歧点上：是简单粗暴地进行干预，还是有倾向地对渔民施加影响？

第三节　科学、宣教和救灾：观念与行为的演变

气象预报建立初期准确率很低，暴风站的日常工作仍然没有被给予足够的信任。在 1954 年 5 月下旬以后的连续 46 天中，海阳县的暴风站接收到 9 次气象预警，只有 4 次风暴确实袭击了这片渔场。糟糕的误报率被渔民当成了一个笑柄："有风不报，没风就报。"[①] 政府向渔村派遣了一批临时性的工作人员，其任务是说服渔民接受尚未成熟的气象预报系统。与此同时，科学家们也在不断改进着现有的设施和技术。1955 年，气象预报的精度有了明显提高，一份统计表明台风和寒潮预警的准确率已经超过 85% 和 95%。[②]

新诞生的气象科学不仅面临着严峻的技术考验，也受到来自传统经验的对抗。几个世纪的观测表明，绝大多数风暴的运动轨迹呈一条平

① 《一九五四年渔业生产工作总结》（1954 年），海阳市档案馆藏，档案号：56–2。
② 《一九五五年上半年度暴风警报工作总结》（1955 年），海阳市档案馆藏，档案号：56–3。

滑的直线或抛物线，伴随着不规则的方向偏转。尽管气象预警的范围很大，但是实际遭受风暴侵袭的海域却狭窄得多。因此直到 20 世纪 50 年代中期，很多接收到暴风警报的渔民仍然信奉“风走一道线”的经验，认为台风不会从这片渔场上掠过。在偏远的岛屿上居住着一群勇敢的渔民，他们经常迎着暴风捕鱼。在风感不太强烈的天气里，即使看到信号杆上的标志物，他们也会继续留在渔场上。① 暴风来临前，当返航的渔民正在为躲过灾难而庆幸的时候，却不知他们的漫不经心有可能酿成事故。1955 年的一天，海岸上挂起了预警信号牌。渔民对这类警报早已司空见惯了，他们掉转船头缓缓地向港内驶去。一位老舵手忽然犯了烟瘾，他把舵交给旁边的小伙计，自己跑到甲板的另一头抽烟。一袋烟抽完，他没有马上接过船舵，认为这样的天气通常不会在短时间内变坏。结果，天气突变，一个浪头打来，掌舵的年轻人顿时慌了神，渔船一头栽进海里。附近的几艘渔船围过来，把落水者救上了甲板。老舵手一个劲儿地向人们埋怨天气太糟糕，却绝口不提为什么会把船舵交给一个没有经验的伙计。②

渔民对暴风信号作出临时反应的能力，在很大程度上取决于他们对暴风威胁性质的了解。暴风知识的宣教活动是从 20 世纪 50 年代初开始的，其目标是将灾害的紧迫性和严重性传达给公众。1954 年，气象部门给渔民印发了普及性的小册子，解释风灾的级别、成因和易受威胁的海域。但是宣教人员没有考虑到渔民的文化程度：翻开一份 1957 年受到褒奖的渔业模范名录，模范们的教育经历里基本上填着“初小”或者空白。③

① 《暴风警报站工作检查报告》(1953 年)，荣成市档案馆藏，档案号：16-73。

② 《一九五五年上半年度暴风警报工作总结》(1955 年)，海阳市档案馆藏，档案号：56-3。

③ 《荣成县 1956 年模范单位、个人报告表》(1957 年)，荣成市档案馆藏，档案号：16-190。

这些模范曾担任各自村社的负责人，领导着一群以文盲和半文盲为主的渔民。“台风”和“寒潮”等专业的气象名词让渔民难以理解，他们仅仅能看懂几个简单的符号。宣教活动的另一个障碍来自根深蒂固的迷信观念。胶东渔民把虔诚的信仰延伸到对器物命名及其功能的认知上，例如，他们称帆船为风船以避开“翻船”的谐音。一些村社曾有计划地购买过浮圈和救生衣，可是很多村民却认为携带救生物品会给出海捕鱼的人带来不祥。宣教人员经常绘声绘色地描述灾难降临后的场景，在迷信的渔民看来，这是一种恶毒的诅咒。

在枯燥乏味的宣教遭到某种程度的抵制且效果不佳后，政府采取了一些令人愉悦的、平民化的形式，把抽象的警报术语转变成清晰直观的图像。海阳县的文化站曾招募失去劳动能力的盲人组成宣传队，将暴风常识编成脍炙人口的快板唱给渔民听。宣传队配备了一辆汽车，每天都有专职的司机把这群盲人送往不同的村社。到了晚上，盲人们就坐在村头卖力地表演，他们得到的酬劳是一顿免费晚餐。这类演出很快就博得了渔民的好感，很多人称赞宣传队员是“我们的贴心人”。[①] 宣教性演出获得成功的秘诀在于，它采取了迎合受众心理的策略。作为文化背景和教育程度比较单一的群体，渔民在兴趣上具有相似性。他们对文字或口头上的说教抱有普遍的抵触情绪，却迅速接受了让他们着迷的文艺演出。

最后的问题是，即使采用最先进的技术和设施，并且通过宣教建立起对预警体系的广泛信任，气象预报自身也不可能做到万无一失。结构严密的台风往往不会伴随明显的天气预兆；当两股台风之间发生藤原效应时，它们将改变各自的运行路线和速度；寒潮在前进途中可能会忽然加速，使最终到达目的地的时间比科学家们预测得更早；如果台风或寒

---

① 《渔业生产安全教育工作的几点经验》(1957 年)，乳山市档案馆藏，档案号：59-57。

潮在重要的渔场附近转向或者增强，那么预报时效是非常短暂的。

按照政府最初的设想，遭遇风暴的渔民应该与附近的巡逻舰艇取得联系，以便及时得到营救。但是碰上恶劣的天气，避风港里的军舰往往来不及在现场救援中发挥作用。反而是基层人员更容易实施成功的现场营救。1952 年 9 月，一场暴风掠过了石岛附近的海面，当地的渔民发现了一只正在风浪里颠簸的渔船，他跑到附近的联合水产支公司里报告情况。工作人员立刻开动了一艘汽船，把这只即将倾覆的渔船拖回了岸边。[①]

然而自发性的救援活动往往是基于当事者自身的经验，而不是科学常识，因此政府不可能完全放弃对这些活动的干预。1953 年，一艘载着 4 个渔民的舢板被风浪掀翻了，有 3 个人先后爬上海滩，而另一个同伴却失踪了。附近的村民在海面上展开联合搜救，仍然没有找到失踪的渔民，只好宣布后者被海浪冲走了。当人们转过头来打捞沉船时，却意外地在船底发现了一具尸体。[②] 这场悲剧本来不该发生，人们有足够的时间检查失踪者是否被困在船舱下，但是没有人想到这种可能性。

因此，摆在政府面前的重要任务是培训具备知识和技能的基层工作者，使他们有能力对自发性救灾活动进行指导。1956 年，牟平县气象部门训练了 30 多位安全保卫员。这些安全保卫员返回各自的村社后，承担着检查渔船和救生器材的职责。[③] 社长们被任命为临时性救援的组织者，政府会定期委派几位巡视员到各村社，传达新的应灾预案和指示。由于社长和安全保卫员接受过政府提供的系统的安全教育，他们在面临紧急状况时可能会做出更加合理与灵活的决策。1957 年，荣成县批准了新的

---

① 《台风海潮上涨沿海受灾情况报告》（1952 年），荣成市档案馆藏，档案号：16–48。

② 《海阳县第二区方里乡前山村渔民被打翻船的情况报告》（1953 年），海阳市档案馆藏，档案号：56–1。

③ 《牟平县 1956 年渔业生产合作工作及 1957 年工作意见》（1956 年），牟平区档案馆藏，档案号：75–10。

渔民会议章程，把几个代表名额授予那些成功地组织救援活动的社长。第二年，渔业机构启动了一项安全奖励计划，有 3 位村社的安全保卫员因为事先检查出渔船故障而受到褒奖。[①]

如何理解风暴对社会观念及行为演变的影响？当现代科学遭到传统经验与信仰的抵触时，政府向渔村输送了平民化的宣教性演出。与传统时代缓慢的经验积累不同，宣教活动迅速引发了公众观念的转变，它的步履比想象中的还要快。这场观念变革也伴随着行为模式的重塑。政府救援显然不适于处理复杂多变的灾情现场，而自发性的公众救援同样存在违背科学常识的举动。所以，政府逐渐转变为有倾向地引导渔民，而不是完全替代后者做出决定。接受过安全教育的基层精英成为救援活动的领导者，他们的临时决策摆脱了传统经验的局限。这意味着两种救援模式之间达成了妥协，我们将其称为由受到政府信任的、具有较高决策能力的基层人员领导的应灾模式。

小　结

灾害是客观的破坏性事件，它们发生在特定的时代、背景和人群之中，并且受到技术与政策等现实因素的影响；不过，灾害也成为社会重构的契机，人类在以生命和财富为代价的惨痛经历中不断地重构其自身的观念及行为模式。

在技术变革与政策导向的推动下，人类向那些曾经被认为不适于从事生产的地域和季节索要产量。这是一种潜力和风险并存的扩张。大自

① 《荣成县 1956 年模范单位、个人报告表》（1957 年），荣成市档案馆藏，档案号：16-190。

然给那些准备踏入新领地的人群设置了重重障碍，无论他们采用的技术或政策本身是否结合了已有的经验。半个多世纪前的胶东渔业经历了一个转型期：渔船驶向陌生的远海，休渔季节开始变得忙碌。劳动空间的扩展和生产期的延长创造出新的产量，也增加了渔民暴露于恶劣天气的风险。

同强大的破坏性一样，社会观念及行为的重建也是灾害的后续效应之一。如同罗扎里奥将灾害视为美国社会发展的内在组成部分，强调灾害在资本主义制度的自我更新过程中扮演的角色一样，[①] 类似的现象也发生在以其他意识形态组建起来的社会模式里。20 世纪 50 年代的胶东渔业就是现成的例子：当风暴降临之际，刚刚迈出传统生产模式的政府管理人员和渔民几乎没有现成的经验可循，不过他们很快就找到了同大自然抗争的方式。

随着暴风警报网的建立，面对传统观念与前沿科学以及行政管理与自发活动之间的冲突，政府很快就重新定位了自身的职能。科学家们采用现代技术和设施，预测出海水在下一刻会变得温柔还是暴力。气象部门普及了收音机，对收音员和安全员等基层工作者进行培训。文化站组建了各自的盲人宣传队，向基层村社提供宣教性的演出。这类有倾向性的引导改变了渔民的观念与行为。当暴风预警的职责被移交给基层村社后，治安委员会的成员们井然有序地工作着，海面上的渔船之间也以灵活的方式传递警报。得益于较为精确的天气预报和成功的宣教活动，墨守传统的渔民逐渐接受了现代气象科学。接受过系统培训的安全人员成为救援活动的组织者，他们的临时决策有效地结合了政府管理和公众经验。

---

① Kevin Rozario, *The Culture of Calamity: Disaster and the Making of Modern America* (Chicago: University of Chicago Press, 2007) , p.29.

正如海洋风暴曾给转型期的渔业带来威胁，从而推动了社会自身的重构过程一样，时隔半个多世纪，风灾也同样唤醒了沉浸在“耕海牧渔”梦想里的当代人，并迫使其做出某些适应性的改变。我们无法断言这类环境挑战能否持续到渔业终结的日子，但可以肯定的是，就像我们追溯半个世纪前的人类与风暴搏斗的故事那样，在不远的未来，这片海域的新主人也将从我们自身的经历中发现属于这个特定时代的灾害，以及与灾害相联系的社会观念和行为模式的演变。

第五章　政府权力与资源保护

早期的环境史学家创造了以破坏为主题的叙事模式，其视野遍及从欧美到南亚次大陆的广袤区域。他们笔下的环保政策往往与破坏事件相联系，弥漫着消极的“衰败论”（Declension）倾向。20世纪末以来，由于泰德·斯坦伯格和W.杰弗里·博尔斯特（W. Jeffrey Bolster）等环境史学家的呼吁，越来越多的西方学者已经远离了悲观论调。①

在东半球的中国，很多学者踏上了西方人曾经走过的老路：他们往往把发生在不同时代、地域和文化背景下的事件，都编织在一个雷同的衰败论模式里：从资源破坏到公众抗议，再到官方的政策保护。一些卓有见识的中国学者将其定义为“环境破坏论”，并且强调考察人与自然的互动不能以环境是否出现问题为指归。②如果说这些呼吁代表了一种理性的声音，那么更多的人应该承担起实证工作。

---

① Ted Steinberg, “Down, Down, Down, No More: Environmental History Moves beyond Declension,” *Journal of the Early Republic* 24（2004）: 260–266; W. Jeffrey Bolster, *The Mortal Sea: Fishing the Atlantic in the Age of Sail*（Cambridge: Harvard University Press, 2012）, pp.265–282.

② 侯甬坚：《“环境破坏论”的生态史评议》，《历史研究》2013年第3期，第25—34页；钞晓鸿：《深化环境史研究刍议》，《历史研究》2013年第3期，第4—12页。

法律制度的完善和公众决策的调整，一般说来是对环境和资源破坏的回应。不过，事情总有例外。以新中国成立初期为例，所有的资源保护政策都是为了解决破坏问题吗？能否根据几个物种的崩溃就认定保护政策失败？如果不是，那么“破坏—保护”模式就无法客观描述20世纪50年代中国政府的资源保护行为。现在，我们尝试引入权力的维度，揭示高度规范化的政府权力如何改变了“破坏—保护”的传统模式。

如何界定“保护”？就像马德哈夫·加吉尔（Madhav Gadgil）倡导的那样，学者们通常赋予环境保护的概念以宽泛的适用性：某些宣称保护的，或者采用保护手段的政策，最终可能没有达到保护效果；相反地，某些政策在目标和形式上与保护毫无关联，却意外地拯救了某种生物资源。① 现在，让我们搁置政策的形式、内容和目标等争议，把具有主观保护动机的，或者在客观上达到保护效果的法律和条例，都列入环境保护政策的范畴。

那么在资源保护政策的诞生和实施中，权力因素扮演过什么角色？这个问题的答案取决于国家对资源开发活动的掌控。从1949年10月1日新中国成立开始，中国踏上了一条与西方世界不同的政治道路。政府能够绕开破坏问题而强制性地颁布保护政策。当然，这些政策也带有柔软的一面，政府在既有的秩序与利益体系内可能会默许某些非法的生产活动。无论如何，如果政府有能力规定资源的开发秩序，将产业纳入自身的政治秩序和利益体系，使开发者的行为受到一系列法律和条例的约束，保护行为就不再是纯粹的生态危机的结果了。

本章首先根据手段划分资源保护政策的类型，探讨每种类型中存在

---

① Madhav Gadgil and Ramachandra Guha, *This Fissured Land: An Ecological History of India* (Berkeley: University of California Press, 1993), pp.11–13.

的权力主导保护的情况。结合胶东渔场上的保护政策，我们指出哪些政策并不是为挽救危机而设置的，再进一步追问隐藏在这些法律条例背后的真实目标。接下来，我们考察一种渔业资源，从保护政策的形成与演变过程中寻找强制性的政府权力。对该资源的保护应该尽可能地涉及前面提到的那些形式（当然不是全部，因为即使处在濒危状态的鱼类，其保护手段也往往只有几种而已）。如果政策旨在维持一种开发秩序或者利益体系，而不是解决现实的危机，那么政府对这种资源的保护就是由权力所主导的。本章试图避开“破坏—保护”的研究取向。如果说衰败论者注重揭示过度利用资源的恶果，那么我们强调由权力主导的开发秩序、利益体系以及相应的资源占有和分配关系。显然，这种关系造成了资源未被充分利用的可能性。

第一节　渔业保护政策背后的权力因素

中国的渔业活动可以追溯到拾取贝类和投掷鱼叉的时代，那时自然还谈不上资源保护问题。公元前 2 世纪，思想家已经指出“竭泽而渔”的不可持续性，但这一观念并没有延伸到海洋等公共水域。当砍伐者和牧人根据森林与草场的再生能力决定何时举起斧头、挥动牧鞭的时候，还没有证据表明海洋鱼类受到过类似的保护。后来，不同的渔业群体和个体之间划定各自的网场，借此宣誓对某片海域的开发权，并逐渐形成了现代意义上的海洋保护观念。

新中国成立以后，政府下辖的各级水产机构建立起来。胶东半岛的渔业最初由文莱专署的水产科管辖，这个机构很难应付 1400 多公里海岸线上的复杂情况，只存在了不到两年时间。1951 年，县级水产科接替了行政专署的职能，接受山东省水产局的领导。由于石岛区的渔业产量超过了荣成县其他几个渔区的总和，这里成立了一个专门的水产分科。在代表国家和政府对公共资源的管理意志的前提下，水产科有权颁布具体的管理条例。

从某种意义上说，保护陆地生物群落的法则，包括规定产量、生产期、规格、技术与工具和开发权限等手段，也同样适用于对渔业资源的管理。当然，保护手段本身不能作为判断其目标的唯一根据。所有具体的保护手段，都有可能受到高度规范性的政府权力的引导。

一、产量

拉金（P. A. Larkin）曾经指出，依靠现有的技术、工具和劳动力，渔民能够获得一个“自然捕捞量”。这个数字未必符合生物的增殖规律，在某些传统的渔业模式里，鱼群有可能被消耗殆尽。[①] 当渔获量触动生物学上的警戒线时，管理者会强制性地限制产量。当然，并非所有的产量限制都是以资源量降低为前提的。即使在资源量相对丰富的时期，开发活动也可能会有所止步。按照渔业机构的理性估算，这种以牺牲短期的“自由渔获量”为代价的限制将增加未来的收益。

20 世纪 50 年代，国家向各级水产机构印发了宣传册，鼓励开发新的渔业资源。[②] 鳀鱼和玉筋鱼处在食物链较低的位置上，生长周期短，平均寿命只有两三年，能够把浮游藻类迅速地转变成可用的动物组织。在胶东地区，一些县级水产科曾有计划地发展小型鱼的捕捞。1957 年，牟平县水产科准许渔民在秋季对鳀鱼群进行有限程度的开发，将产量限制

① P. A. Larkin, “An Epitaph for the Concept of Maximum Sustained Yield,” *Transactions of the American Fisheries Society* 106（January 1977）:1–11.

② 曲辰：《祖国的渔业》，财政经济出版社 1956 年版，第 7—11 页。

在 8%—10% 的幼鱼数量以下。[①]1958 年，海阳县开设了一家鱼粉厂，水产科鼓励渔民在夏季捕捞玉筋鱼和鳀鱼，同样提出了 40 吨和 60 吨的产量限制。事实上，渔民的正常捕捞并没有触动小型鱼的种群数量。由于高级掠食者的数量减少，大部分小型鱼的平均体长反而有所增加。[②] 直到 70 年代，鳀鱼仍然没有得到有效的开发。[③]

二、生产期

在自由渔业中，渔民对某个生长阶段的鱼类个体有一定的捕捞偏好。赶上渔获量最高的季节，渔民一般倾向于选择饱满程度更高的个体。然而鱼类的生长是一个漫长的周期，为了追逐短期利益的最大化，渔民有时不得不捕捞亲鱼或者未成熟的幼鱼。所以在受到严格控制的渔业中，出于保障下个生产周期利益的目的，管理机构可能会对某个生长阶段的鱼群——特别是亲鱼和幼鱼实施禁捕，以便把它们保留到丰满度较高的季节，这种季节性的禁捕政策既适用于资源危机阶段，也适用于正常的捕捞阶段。

胶东渔场的夏季鱼群很稀薄，传统的渔民习惯于捕捞“四眼子”（即未成熟的小黄鱼、鳓鱼、鲅鱼和对虾的幼体）。山东省水产局认为这种渔业有害稚鱼，其实，这种担心未免过虑了：20 世纪 50 年代的鲅鱼产量达到顶峰，很多渔民甚至用鲅鱼苗做瓜田的肥料。渔民真正担心的问题是：“咱保护幼鱼长大跑了，叫人家开食。”[④]1957 年，荣成县水产科评估

---

① 《牟平县 1957 年水产资源保护工作总结和 1958 年工作意见》（1957 年），牟平区档案馆藏，档案号：75–12。

② 李玉尚：《海有丰歉：黄渤海的鱼类与环境变迁（1368—1958）》，上海交通大学出版社 2011 年版，第 165 页。

③ 农林部水产组编：《东、黄、渤海渔业资源调查总结》（内部印行本），1972 年，第 46 页。

④ 《荣成县水产局关于 1957 年繁殖保护工作总结报告》（1957 年），荣成市档案馆藏，档案号：16–75。

了理想状态下的生物潜力：如果把夏季捕获的200万斤幼鱼（每斤300尾）放回海里，最终成活率2%，每尾长到1斤，那么三年后的渔获量就能够增产10倍。[①]水产工作者劝说渔民不要在夏季捕捞幼鱼，向渔民解释鱼群的洄游规律：大部分鱼类整个冬天都待在黄海南部的越冬场，而第二年春天还会陆续返回这里。禁捕政策很快就收到了成效：1958年的调查表明，渔民已经基本上放弃了夏季的“四眼子”渔业。

三、产品规格

如果“自由渔获量”比较有限，某些生物个体由于重量、长度和年龄等原因，可能会被禁止捕捞。例如，为了拯救濒危的生物资源，政府可能会通过重量限制来降低产量，这种政策主要是针对生产者设置的。可是在另外一些场合，重量限制的目标仅仅是提供合法的流通标准。那么政策本身并不能阻止不合标准的捕获物的产生，其作用是禁止非法产品进入市场，从而终止某些不受控制的交易活动。

孔鳐（俗称老板鱼或者鲨子鱼）是一种常年栖息在海底的懒惰鱼类，它含有微量的尿素，不适合鲜食，只能用来晾晒鱼干。20世纪50年代以后，随着鱼肝油工业的兴起，鲨子鱼的肝脏被纳入国家水产品统购计划，由山东省水产公司负责收购。由于小块的鱼肝提炼起来非常麻烦，从1956年开始，省水产公司不再收购200克以下的鲨子鱼肝，一些县的水产科也呼吁渔民减少捕捞不足5公斤的鲨子鱼。可是这项法令对渔民的生产习惯几乎没有影响：他们将符合标准的鲨子鱼肝卖给水产公司，剩下的小块鱼肝就混进鲀鱼肝里，后者同样是国家统购的水产品，价格

① 《荣成县水产局关于1957年繁殖保护工作总结报告》（1957年），荣成市档案馆藏，档案号：16–75。

只有 0.1 元 / 斤。[①] 事实上，国营水产公司和水产科早就知道渔民用鲅子鱼肝冒充鲀鱼肝的把戏。由于鲅子鱼肝的价格更高，水产公司在这桩交易中占了便宜，当然不会吭声。水产科也同样没有理会这个问题，它的保护目标仅仅是为了流通环节的方便。

四、技术与工具

一个特定渔场内的鱼类种群都包含在同一种渔业模式里，遭到过度开发的鱼类往往是作为一种附属渔获物被捕获的。在资源匮乏的阶段，当某些渔业技术被禁止使用时，其渔获量将会降低到“最大持续产量”（maximum sustained yield，MSY）以下，从而达到保护濒危物种的目的。不过很多渔具自身也带有某种选择性，只能对一部分种群构成有效的捕捞。如果其选择性与政府的主观意愿之间存在矛盾，那么这些渔业就有可能受到限制。当然，这种限制在客观上可能起到某种保护作用。

20 世纪 50 年代前期，胶东渔场的毛虾资源还处在开发不足的阶段。1954 年，海阳县水产科向渔民推广虾板子网。这种定置网主要用来捕捞毛虾，可是它的选择性很差，无法阻止其他生物落入网囊里。如果有限的网具空间被水母挤占了，那么毛虾的产重就会减少。1953 年，海阳渔场 13—15 米深的水域漂浮着大量的水母群，这样的现象被称为“海蜇灯”。人们把水母加工成海蜇皮，不过这根本就抵偿不了毛虾的价格。1956 年，很多村社委派专人捕捉海蜇，按照劳动时间支付报酬。可是当捕捉海蜇的人发现麦田劳动者的收益更高时，就开始抱怨自己提供的服务过于廉价。没过多久，荣成县和乳山县开始有计划地减少虾板子网的数量。[②] 尽管限制虾板子网并非主观意义上的保护，却意外地对毛虾种群

① 《关于调整鱼肝价格的通知》（1956 年），海阳市档案馆藏，档案号：56-5。
② 《关于渔业技术推广的指示》（1956 年），乳山市档案馆藏，档案号：59-63。

产生了恢复效果。

五、开发权限

如果一种资源的开发权限正在由民间转向官方，那么渔民在某些特定区域内从事某项渔业的权限可能会被禁止。这类保护经常牵涉利益问题，即官方为垄断某种地区性产业的经济利益而划定专属的禁捕区。但是从投入—产出的角度衡量，在受保护区域内进行开发活动的效能往往比在其他地区更高。

新中国成立以后，新落成的养殖场不断地圈占着贝类的栖息地，海滩的利用方式逐渐从自由采掘转向国家经营。1954 年，全民享有公共资源被写进了宪法。海滩属于公共资源的一种，胶东半岛的海滩上栖息着 70 多种贝类，从法律上说，这是沿海渔民的共有财产。然而，在同一年，牟平县水产科宣布禁止公众非法翻挖海滩的活动。[①] 到 1957 年，有 700 亩滩涂和 200 亩盐滩水池被划为专属的养殖场，水产科在这些区域投放了 500 公斤蛤苗和 5 万尾梭鱼苗。一项实验表明，这些蛤苗和梭鱼苗可以获得 100% 的成活率，最后长到初始体重的 3—4 倍。[②]

正如穆盛博提供的数据所显示的那样，中国水产机构对渔业资源的保护并没有阻止生态崩溃。如果把 20 世纪 50 年代的濒危鱼类列一份名录，那么半个多世纪以来，这份名录被拉长了几倍。但官方的资源保护政策也不是一纸空文，它们得到了有效实施。不必对此感到惊奇，这两个事实之间没有冲突，渔业资源保护与资源危机之间没有必然的因果关系。如果想当然地认为限制产量就表明鱼群数量的下降，而禁用某种渔

---

① 《牟平县一九五四年渔业代表大会记录》（1954 年），牟平区档案馆藏，档案号：75-6。

② 《牟平县 1957 年水产资源保护工作总结和 1958 年工作意见》（1957 年），牟平区档案馆藏，档案号：75-12。

具则意味着渔具带有破坏性，就容易陷入“破坏—保护”的陷阱里。能不能找到一种几乎完全由权力主导保护的渔业资源？接下来，我们将探讨政府权力在推动海参保护政策方面的作用。这些政策的目标并非解决现实的资源危机，而是维持一种开发秩序与利益体系。

第二节　海参保护政策：权力主导保护的缩影

海参是地球上最古老的棘皮动物之一。15 世纪的医学家已经发现了它的药用功能，而普通人则把它视为珍馐。胶东半岛附近是重要的参场，这里盛产价值高昂的刺参。传统时代的人们只能拾取被海浪抛到岸边的少量野生海参个体。19 世纪，渔民从浅海获得了海参大部分产量，当时的地方志记载过两种捕参方式：有的人在腰间系上葫芦，潜入水底的礁石上采参，这是一种高度危险的职业；另一些人在海面上倾倒液态的动物油脂来净化水域，再操纵木筏取参，这种降低危险性的方式会增加额外成本。[①]20 世纪 20 年代，青岛沿海出现了装备新式潜水器的职业参民。[②] 当然，在成熟的海参养殖业诞生前，捕参业从未达到过规模化生产的程度。

1950 年，海参被列入山东省水产局的渔业资源保护名录。对这种基数较低的生物资源实施彻底的禁捕政策，可能比其他保护方式更加有效。奇怪的是，在 1951—1958 年期间，胶东地区的县级水产科并没有限制捕参业的产量。从保护手段上看，基层的管理机构采用了季节性禁捕、规格限制以及规定开发权限等相结合的办法。

---

① 同治《宁海州志》卷四《食货志》，第 2 页 a。

② 民国《胶澳志》卷五《食货志》，第 35 页 a。

一、设置禁捕期：避开低效的生产季节

20 世纪前期，捕参业仍然是一项季节性渔业。每两轮生产期之间有 6 个月的间隔，这给海参提供了足够的生长时间。20 世纪 50 年代的捕参业转向常年性生产，随着海参生长期的缩短，参体长度逐渐缩小，重量也逐渐减少。

胶东渔场的海参从 5 月底开始进入繁殖期，在接下来的夏季里，它们会钻进泥沙里蛰伏起来，通过消耗自身的能量维持生命，度过一段不吃不动的休眠期，并且暂时失去继续增加体重的能力。从经济收益看，无论是捕捞产卵期还是夏眠期的海参都不太划算。最合理的开发方式是赶在繁殖期之前或者等到肥育期以后再捕捞。

1951 年 5 月，山东省水产局宣布禁止在 5、6 月的海参繁殖期和夏眠期从事捕参业，这项法令制定的保护标准过于严格，以致很多渔民纷纷抱怨禁捕期太长了。1952 年，牟平县水产科宣称“禁捕的时间与实际略有出入”，将禁捕期缩短了 5 天。[①] 到了 1954 年，这项政策生效的时间被推迟到 5 月 15 日。[②] 在接下来的几年里，季节性的禁捕政策被不断地修改。而事实上，渔业机构不仅没有把禁捕期稳定下来，也未能消除区域性的差异。

胶东半岛向东伸延出 2000 多公里的海岸线，每段海岸线都拥有独特的自然环境，造成了海参繁殖和休眠季节的时差。海面上散布着数百个大小不一的岛屿，它们分属于不同的县管辖。在行政区的界限两侧，有

---

① 《为海参繁殖期内应停止捕捞，并规定捕捞海参之标准，希各查照执行由》（1952 年），牟平区档案馆藏，档案号：75-3。

② 《为再行修改海参禁捕期及海参捕捞标准希各查照执行由》（1954 年），荣成市档案馆藏，档案号：16-73。

些相距很近的岛屿却遵循着不同的禁捕令。根据山东省水产局的规定，北纬 38° 以北的冷水性参场的禁捕期比其他海域推迟 5 天。[①] 这种禁捕期的区域差异给了渔民一个钻空子的机会：北隍城岛位于庙岛北侧 6 公里的海面上。每年 5 月，渔民便从已经实施禁捕法令的庙岛渔场转向北隍城岛，在那里获得一段额外的捕参期。在胶东渔场的东端，荣成县的禁捕期比邻近的几个县更长，有些渔民就转移到老母猪河对岸的乳山县捕参。如果设置禁捕期是为了限制产量，那么政策本身为什么会留下明显的漏洞？

一个合理的解释是，季节性禁捕政策的目标并非降低捕捞努力量。尽管自然界里的野生海参数量不多，可是它还算不上一种濒危动物。所以，设置禁捕期与其说是资源危机触发的限制产量的问题，还不如说是选择什么季节进行开发的问题。在资源可获得量有限的情况下，水产科希望渔民在春季或者秋季捕捞更重的海参个体。

事实上，设置夏季禁捕期并不能保证不再捕获稚参。春季海参的生物基数非常高，虽然有大量的成熟个体，可是稚参的数量也有所增加。1954 年，在渔业机构对牟平县捕参业的临时抽查中，有 60% 的海参被发现达不到重量标准。[②] 从恢复种群的角度考虑，春季的捕参活动同样应该被禁止，可是渔业机构并没有这样做。从海参个体的重量看，捕捞春参显然让人更满意一些。

如果资源量已经临近崩溃，那么禁捕政策的漏洞必然以强制性的执行作为补偿。然而水产科的调查表明，夏季的捕参活动仍然在秘密地进行着。山东省水产局曾指示县级渔业机构，可以宽松地处置禁捕期产品，

---

① 《为再行修改海参禁捕期及海参捕捞标准希各查照执行由》（1954 年），荣成市档案馆藏，档案号：16–73。

② 《牟平县一九五四年渔业代表大会记录》（1954 年），牟平区档案馆藏，档案号：75–6。

但不要向渔民公开。由于渔民的数量太多，很难有效地监督每个生产个体的行为，所以水产科对夏季海参的处理方式模棱两可，有时候甚至放任渔民自行决定是临时征购还是保留到冬季。1956年，荣成县水产科严惩了几个声名狼藉的投机者，可是大多数偷捕夏参的渔民并没有受到处罚。在得到水产科发布的“政简民便”的秘密指示后，基层的渔业合作社有计划地从渔民手中收购不成熟的夏参，同时对其进行宣教。[①]

这些事实表明，季节性禁捕政策对生产者缺乏足够的强制性。显然，很多渔民并没有遵守水产科的指示，他们在水产科认定的不适宜生产的季节仍然从事捕参业。遇到被海浪抛到沙滩上的夏参，路过的渔民基本上抱着“不捡白不捡”的态度。这些常年性的渔业活动缩短了海参的生长期，渔民不可避免地捕捞到大量的低价值产品。

既然偷捕夏参的行为已经发生，渔业机构只能无奈地承认这个事实，并且通过合法的收购渠道给这些非法产品打开一道门缝。从某种意义上说，放宽对禁捕期产品的处置条例，可以看成是强调整体利益的水产科向追求短期利益最大化的渔民妥协的结果。

二、限制规格：截断非法的交易链条

海参规格的限制主要是禁止生产和经营低于法定重量的产品。1951年，山东省政府宣布严禁捕捞和交易不足48头（捕参业的重量单位，即48个 / 斤）的海参。[②]这一标准在不断地变更着，从最初的48头下降到50头、60头，直到1957年荣成县规定的65头。

① 《荣成县人民委员会关于海参捕捞与处理的几点意见》（1956年），荣成市档案馆藏，档案号：16–156。

② 《为海参繁殖期内应停止捕捞，并规定捕捞海参之标准，希各查照执行由》（1952年），牟平区档案馆藏，档案号：75–3。

规格限制能够在多大程度上规范生产者的行为？显然，它采用的标准仅仅适用于干制品。渔民在捕参时必须根据经验选择符合标准的个体，可是他们的判断却经常出错。有些个头很大的海参，晒干后却达不到法定的重量标准。怎样处理这些因为“辨不出大小”而捕获的稚参呢？1953 年，荣成县水产科宣布，如果一个捕参者的产量不超过法定的登记限额，将为其在两年内生产的稚参提供免税登记。这项法案理所当然地激起了很多人的抗议：“不够标准的籽参，不但不处罚没收，反而登记出卖。”[①]那些遵守保护条例的渔民反倒吃了亏。

可是稚参的产量仍然超过免税登记的限额，再加上有些地区还没有实施免税法令，很多渔民就费尽心思地避开征税。1953 年，一位渔民带着 50 斤稚参来到石岛镇供销社，却被告知当地暂时还不能提供免税登记。他一个劲儿地抱怨供销社“不帮助渔民推销海参”，把这些稚参偷运到邻近地区的税务所，经过免税登记后卖给了一家饭店。[②]水产科不但没有处罚这位渔民，反而措辞严厉地指责了供销社。水产科很难监督每个生产者的活动，它对私自生产稚参的渔民的处罚更倾向于口头上的警告。那么规格限制到底是针对谁呢？

真正令人担心的问题是，由于存在源源不断地提供产品来源的生产者，贩卖稚参成了一桩有利可图的投机活动，一些私营渔行从中嗅到了商机。50 年代初，私营渔行给渔民提供了一部分贷款，他们之间经常达成秘密的海参收购协议。渔行通过这项协议捞足了好处，它们大肆地从渔民手里收购 80 头以下的稚参。水产科在 1953 年增加了拨付渔贷的数

① 《荣成县人民政府上半年渔业生产工作总结报告》（1953 年），荣成市档案馆藏，档案号：16–73。

② 《荣成县人民政府关于海参生产的专题报告》（1953 年），荣成市档案馆藏，档案号：16–48。

额，渔行贷款的比重开始减少，有些行主就想方设法地绕开协议，直接同渔民进行稚参交易。他们潜入一个名叫崂山屯的渔村，在收购完稚参后就转向下一个渔村。

事情最终戏剧性地收场了：50年代中期的资本主义工商业的社会主义改造使原有的私营渔行发生了根本变化。1953年，石岛地区还有52家私营渔行。仅仅过了两年，这个数字就下降到37家。[①]剩下的渔行在公私合营后，无法自主进行收购活动。

剩下的问题是，如何对付跨区域的"合法"海参贸易。每个渔场都可以制定自身的保护标准，这种区域性差异可能触发管理上的漏洞。当然，受到损害的往往是那些执行严格标准的地区，那里的非法产品将变成其他区域市场上的"合法"商品，从而触动了保护政策的实施者与受益者之间的对等关系。

渤海海峡的南北两侧有4℃左右的水面温差。1951年，山东和辽宁两个省分别执行着50头和60头的海参保护标准，渔民可以将胶东半岛出产的不合格海参转卖到东北去。1951年，饱受其害的山东省水产局致函东北地区水产部门，要求后者禁止当地市场上的山东渔商出售稚参。由于山东与辽东的参种相同，商人们又不会给海参贴上产地的标签，所以很难查清所有海参的来源。唯一的办法就是在途中截获稚参了。警方很快就锁定了车站和码头，因为长途贩运需要乘坐交通工具。1953年，一位乔装成平民的荣成商人用携带行李的办法偷运海参，成功地混过了警方的几次盘查，把500多斤稚参带到哈尔滨。不过事情很快就露出了马脚，他在一个车站遇到了前所未有的严格检查。眼看这次是不可能靠

① 《为一九五四年私营商业社会主义改造情况报告》（1955年），荣成市档案馆藏，档案号：85-12。

运气躲过去了，他只能扔下行李逃跑，警方随即掌握了他的罪证。[①]

山东省有些县的规格标准不一致则诱发了短途的稚参偷运行为。1957 年，荣成县以“参种、参场与其他区不同，成长很慢”为由降低了收购标准，而其他渔场还在执行比较严格的标准。1957 年，乳山县水产科通报了本县两个渔民到荣成贩卖稚参的事件。[②]从这一年开始，各地的水产科纷纷放宽了限制，荣成县宣布如果稚参的比重超过 5%，只能以法定价格的一半（即 0.5 元 / 斤）收购，同时没收稚参比重超过 10% 的产品。[③]而事实上，当年的稚参比重不超过 3%，水产科的目标是阻止稚参通过非法的渠道外流。

修改稚参规格也许表明海参的个头正在逐渐变小。尽管这一推断有其合理性，但如果资源危机是触发保护的主要原因，那么标准将变得严格而不是宽松。在苛刻的保护标准下，渔民可能会通过非法途径交易稚参，利润也就随之落入投机商人的手里。事实上，水产科指定的稚参规格更倾向于一个交易标准，而不是生产标准。渔业机构对渔民放宽了收购政策，可是对商业投机者却严惩不贷，这样就有效地截断了非法的交易链条。

三、划定保护区：占据产量最高的参场

保护区往往是为拯救某些过度开发的生物资源而设置的。在这些区域内，受保护的动物将被严格地禁止狩猎或遭受其他形式的危害。而海参保护区可能是个例外：这些海域并不完全限制开发活动，仅仅是限制

---

① 《荣成县人民政府关于海参生产的专题报告》（1953 年），荣成市档案馆藏，档案号：16–48。

② 《荣成县人民委员会关于投机贩卖国家统一收购的主要水产品的违法活动的通报》（1957 年），荣成市档案馆藏，档案号：16–189。

③ 《一九五七年海市工作总结》（1957 年），荣成市档案馆藏，档案号：59–57。

渔业活动的类型，或者禁止普通渔民的捕捞权限，以阻止民间群体抢夺捕参活动收益。与另一种方式相比——即通过完全禁止保护区内的开发活动来达到恢复种群的目标，划定海参保护区更倾向于维持官方对产业利益的占有权。

20 世纪 50 年代初，很多县的水产科调查了有可能被列入保护名录的渔业资源，这些调查涉及产卵期、禁捕期、轮捕期和产品规格等方面。1952 年，牟平县计划完成一份“特种水产动植物的生产地区”名录，这份名录里有海参、扇贝、鲍鱼和石花菜。[①] 没过多久，水产科就禁止了象岛近海的捕参活动——早在 19 世纪的地方志里，这座岛屿就因为盛产海参闻名。[②] 荣成县水产科也进行过一项类似的调查，提出应该限制某些海域的渔业活动，包括未来用于放养梭鱼苗的港湾、播撒蛸苗的海滩，以及海参和扇贝的栖息地。

保护区的管理可能伴随着技术形态上的限制，例如禁止渔民采用特定的捕捞技术或者工具。1950 年，荣成县政府封闭了俚岛这个重要的捕参场，其中 40% 的海域被划为专属的海带养殖区。时隔 3 年，当人们满怀信心地重新开放养殖区的捕捞权限时，却发现这片冷水性海域的海参生长缓慢，达到保护标准的那部分产量比预期要低得多。[③] 根据水产科的建议，在俚岛周围两公里的海域内，渔民采用的大头簰子、“光腚碰子”和扠参船等工具被彻底禁止了。同时，作为海参食物的绿藻和褐藻也受到保护，水产科不准许渔民偷挖藻类及其孢子所附着的水草、岩石和浮泥等。[④]

---

① 《山东省一九五二年下半年水产工作要点》(1952 年)，牟平区档案馆藏，档案号：75–3。

② 同治《宁海州志》卷四《食货志》，第 2a 页。

③ 《荣成县人民委员会为调正海参、干贝标准及价格的通知》(1953 年)，荣成市档案馆藏，档案号：16–189。

④ 《为通知俚岛养殖区域的划分加强保护由》(1953 年)，荣成市档案馆藏，档案号：16–48。

封闭参场引起了很多渔民的不满，他们把大海视为天然的共有财产。1952 年，海阳县划定了禁止捕参的海域，但渔民仍然被准许在这片海滩上从事“赶小海”渔业，包括采集文蛤、牡蛎和石蟹等活动。赶小海的渔民捡到海参往往会偷偷地带走，乡政府的几位工作者还组织过几次巡查。可是他们过分迷信潮汐的涨落规律，认为渔民只能在白天退潮的时间里盗参，所以并不在夜间巡视海滩。有些渔民捡到海参就立刻找到一处隐蔽的地方埋起来，等晚上再偷偷地潜回原地取走海参，这样的障眼法蒙蔽了乡里的检查员。1957 年，偷盗海参的事件被捅了出来，当地渔民揭发出十几个盗参者，可是更多的人却成了漏网之鱼。乡政府也犯了难，由于采集滩涂资源的权限是向公众开放的，每次退潮后都会有大量的渔民涌入海滩，根本就弄不清“谁偷了谁没偷”。最后，他们只能把这个问题扔给县水产科。[①] 水产科在崮山港附近盖起几座看守海滩的屋子，委派了专门的巡察员，偷盗海参的行为才销声匿迹。

当然，保护区内还可以从事其他类型的渔业活动。就拿俚岛保护区来说，它处在鱼群的洄游线路上，海底的地势非常平缓，是一个自然条件优越的浅海渔场，渔民经常在这片海域放置流网和钓钩。1953 年夏天，青鱼滩合作社的渔民请求前往俚岛进行挂网渔业，很快就得到了水产科的批准。[②]1954 年，在以鲨鱼和鲩子鱼的肝脏为原料的鱼肝油工业刺激下，俚岛附近变成一个钓鱼业基地，每年夏季都有十几艘钓鱼船在这片海域活动。需要说明的是，限制捕参活动的仅仅是少数海域。在受保护的水面和滩涂之外，民间的捕参活动及其相关的工具与技术并没有遭到禁止。此外，俚岛近海还有一种几乎无人问津的光参，这种廉价资源

① 《1957 年水产工作总结报告》（1957 年），海阳市档案馆藏，档案号：56–5。

② 《荣成县八区蔡家庄高恒山渔业生产合作社总结》（1953 年），荣成市档案馆藏，档案号：16–73。

也可以随意捕捞。

如果对保护区的认识到此为止，那就未免太草率了。我们观察到一个事实：海参保护区通常设立在产量最高的参场，这些地方的捕参活动比其他海域的效率更高。从 1950 年设置俚岛保护区开始，水产科通过法律把捕捞海参的渔民排除在外。可是保护区内的捕参活动停止了吗？当然没有，只不过是政府替代了渔民，成为这项活动的经营者。在 1952—1957 年，水产科雇用有经验的渔民进入俚岛保护区捕参，这些渔民根据协议获得工资，不参与捕参业的利益分割。[①] 事实上，1954 年的俚岛保护区提供了当地 70% 以上的海参产量，远远超过它在前一年所创造的数字。

设置海参保护区的实质是提供一个有限的资源开发权限。随着普通渔民的退出，那些产量最高的参场逐渐被收归国有。1955 年以后，海参主要供应给政府和军队，基本上告别了民用领域。采购工作者只要出示市水产局的一纸证明，就可以到各个县购买海参，不受任何的产地或技术限制。[②]

小　结

一个有趣的现象是，如果强有力的政府权力打开了破坏之门，那么它也有可能开启另一扇保护之门。从资源保护政策的形成过程上看，我们似乎比西方人走了捷径。很多学者关注过新中国政府的资源保护行为，

① 《宋仁璞模范个人报奖材料》（1957 年），荣成市档案馆藏，档案号：16–190。

② 《荣成县人民委员会关于调正海参价格与稚参处理办法的通知》（1955 年），荣成市档案馆藏，档案号：16–189。

却误解了某些政策的实质。渔业保护政策的目标并不总是回应现实或者潜在的资源危机——从 20 世纪后期越来越长的濒危鱼类名录来看，它们也没能避免真正的资源危机的到来。

20 世纪 50 年代的胶东渔场印证了黑勒（Michael Heller）描述的“反公地悲剧”现象，即权力所有者为达到某种目的而设法限制其他人的开发活动，从而造成资源利用不足的问题。[①] 渔业机构对海参的保护采用了设置禁捕期、限制规格和划定保护区等办法：水产科规定夏季的禁捕期，目标在于把海参保留到价值更高的季节；限制稚参的规格，以及在生产和流通环节上实施双重标准，是为了截断非法的海参交易链条；普通渔民进入产量最高的海域捕参构成了利益竞争，在这种竞争发生前，必须通过立法限制其从事捕参活动的权利。但是保护政策几乎没有涉及产量与技术方面的限制，原因在于海参的种群基数很小，捕捞主要靠木筏和潜水器。假如采用限产或禁用工具等手段，捕参活动就会陷入停滞，这是致力于维持稳定利益体系的管理者们不希望发生的。

有人可能会辩称，西半球也存在权力主导的保护行为，然而我们之间并非完全相同。第一，欧美国家的很多保护政策都遭到过公开的谴责与抗议，例如，商业渔民直到 20 世纪 70 年代还在抵制美国的联邦渔业管理计划，[②] 而中国渔民仅仅是秘密地从事偷捕和贩卖而已；第二，就像美国的加州海岸一样，胶东半岛也是由几个执行不同保护标准的行政区组成的，不过渔业管理却没有陷入混乱状态，政府在取缔非法的海参交易时表现出惊人的协调能力；第三，美国的公共海域上重叠着很多不受

① Michael A. Heller, “The Tragedy of the Anticommons: Property in the Transition from Marx to Markets,” *Harvard Law Review* 111（1998）: 621–688.

② John M. Armstrong and Peter C. Ryner, *Ocean Management: Seeking a New Perspective*（Detroit: Traverse Group Inc, 1980）.

干预的私人领地，即使设置保护区也要考虑到这一点，[①] 而中国渔民对某些海域的占有权或者捕捞权，并不能阻止政府接管营利性最高的渔场。

正如沃斯特指出的那样，环境史要求人们弄脏鞋子，解读第一手的、相互交织的历史人文和土地。——当然，对于海洋环境史的考察者来说，他也许会把这句话改成“弄湿鞋子”。20 世纪 50 年代的胶东渔场是一扇窥视权力与保护的窗户，它告诉人们在资源保护政策的背后，还隐藏着一种强有力的开发秩序和利益体系。环境史学家应该对历史与现状表达适度的忧虑，但不能滥用“破坏—保护”的消极模式，因为过量的衰败论只会让环境史的未来陷入衰退。

① Tony J. Pitcher and Paul J. B. Hart, *Fisheries ecology* (London: Croom Helm, 1982) .

第六章　资源争端：一种推动渔业合作化的力量

新中国成立初期，一场合作化浪潮席卷了中国乡村，初级农业社在很短的时间内纷纷转变为高级农业社。与之相似的，渔业合作化也在同步进行着：就像农民把犁耙投入互助组那样，渔民交出赖以谋生的渔船和网具，从初级渔业社中获得股份。几年后，一些初级社被组建成大型的、专业化的高级社，那里的农业渔民也随之转向职业渔民。

来自历史学、哲学和经济学等领域的学者，已经从不同角度阐释了合作化运动进程。很多学者关注官方的执政理念和政策导向，认为合作化高潮是一种自上而下地贯彻国家建设构想的过程。在这些研究中，渔业改革视为种植业的注脚，而我们则更关注两者的差异。渔业属于海洋史学家定义的“海洋人文类型”，这一类型包括人类对海洋自然属性的认知和把握，以及人类缘于海洋所创造的生产生活方式。唯有尊重海洋自身的发展演变，才能在陆海互视中给予其准确的定位。[①] 与种植业者相比，渔民终日同变幻莫测的海洋打交道，更多地承受着环境与资源变动

① 杨国桢：《海洋世纪与海洋史学》，《光明日报》2005 年 5 月 17 日，第 B3 版。

的影响。

本章考察了资源争端在渔业合作化进程中扮演的角色：一方面，受到技术工具限制，适合渔民捕捞的海域有限。初级合作社的组织形式对发展小型渔具有利，但近海渔具过度膨胀可能会激化渔场争端。另一方面，初级渔业社的经营与分配原则之间存在冲突，当产量匮乏阶段，集体与个人之间时常发生抢购战。总之，我们承认意识形态因素对合作化进程的重要性，同时致力于揭示渔场、资源和社会改革之间的有机联系。

第一节　渔业合作化与资源争端

胶东沿海的渔业合作化制度诞生在一个叫青鱼滩的小渔村里。青鱼滩位于半岛东北端的俚岛镇。20 世纪前期，私营渔行通过高利贷控制着当地的渔业活动，无力偿还贷款的渔民只能把生产工具抵押给渔行。在这个不足 100 户的渔村里，竟然有 20 户沦为乞丐。1941 年，政府在新解放的青鱼滩成立了几个渔业合作互助组，作为一个商业组织，互助组成功地打破了私营渔行的垄断。[①] 供销社曾实施过财产公有、共同吃饭与劳动的制度，可没过多久就重新回到分组生产和集体推销的老路上。

随着解放区扩大，青鱼滩不再是仅有的一片社会主义试验田，合作制被推广到更多的渔村。新中国成立以后，就像农民把犁耙投入互助组那样，渔民交出了赖以谋生的渔船和网具，从小集体中获得一部分股份。由于渔村固有的合资与互助习惯，这场改革没有遭遇到太多阻力。渔业互助组以惊人的速度增长着，渔民纷纷加入到这个新成立的公有制家

① 《高恒山渔业生产合作社典型报告》（1952 年），荣成市档案馆藏，档案号：16–48。

庭里。破产的渔民通过小组合作重新获得了渔具，这种转变反映在渔业产量上。拿 1950 年的文登专区来说，这里的 8 个县捕捞了 3 万吨鲜鱼、9000 吨虾蟹和 2000 吨贝类。[①]

互助组走过了三个年头，开展合作化运动的时机似乎已经成熟了。在基层渔村，原本的两三个互助组被合并成一个较大的、十几人的生产队，受初级合作社的管辖。渔业机构、渔民长期在海面和沙滩上劳动，这些场所属于公共资源，不需要经历私有土地入社的阶段，所以渔业合作化的进程应该比农业更快。[②]然而事情远比想象中的麻烦，因为掌握生产资料的渔民并不愿意参与合作。在 1954 年的海阳县和乳山县，入社成员只有 65% 和 73%。很多迹象表明，初级合作社与个体渔民之间的拉锯战还会持续一段时间。

就在事情僵持不下的时候，合作化进程却出人意料地加快了。1955 年秋天，水产科决定合并原有的生产队，把一个个小家庭组建成大家庭。大集体化渔业曾经有过成功的先例：20 世纪前期，苏联的国营渔轮曾有计划地捕捞里海的鲱鱼群，取得了丰厚的回报。由于新中国成立后中苏友好邦交的推动，这个成功的经验得到了广泛宣传，水产科向渔民许诺“苏联的今天就是我们的明天”。[③]在 1955 年的渔业会议上，海阳县的水产科长打趣地说：“我们的发展方向就是大，规模越大越好。”当然，他还可以再加上一句“人手越多越好”。如我们前面提到的，新中国成立初期，荣成县曾发展过一项捕鲨计划，那里的农民纷纷放下锄头登上渔船。

① 《山东省文登专区一九五〇年渔产分类分县统计表》(1950 年)，牟平区档案馆藏，档案号：73–1。

② 中共龙溪地委沿海工作部：《办渔业高级社的情况与经验》，《水产工作》1956 年第 4 期，第 21—23 页。

③ 《高恒山渔业生产合作社是怎样组织起来的》(1952 年)，荣成市档案馆藏，档案号：16–48。

而其他地区并没有大规模的夏季渔业活动，直到高级社时代，这些地方的农业渔民才大量地转化为职业渔民。

当渔民怀着过高的期望加入高级社后，却发现这个大家庭并不像事先许诺的那样。事实表明，生产力本身没有要求渔民必须成立高级社。诚然，公众的一腔热情起到了巨大的作用。可是除此之外，初级社内部是否存在着推动其自身演变的力量？

初级渔业社是由财富、身份与观念不同的人群结合成的复杂组织。1949 年，互助组成立的时候，拥有生产资料的渔民还在观望。这些单干户很勤劳，有些人称得上是丰产模范。1952 年的合作化浪潮让他们感到恐慌，最后抱着“晚参加不如早参加，早晚脱不了”的态度入了社。① 初级社不再完全按生产资料进行分配，这相当于从单干户碗里分了一杯羹。他们心怀不满，却担心退社会遭到孤立。这意味着初级合作社自身并不稳定，如果不同的生产群体之间产生冲突，潜在的矛盾就有可能爆发出来。我们已经提到渔场的分布空间与资源的数量变动，在初级合作化阶段，这些要素激化了合作社的内部矛盾，其影响表现在渔场纠纷和抢鱼战等问题上。

首先，与种植业者不同，渔民很难通过种植藩篱、开通阡陌等方式划定彼此的界限。20 世纪前期，胶东沿海的渔村和渔民之间按照碰运气的办法，确定各自的“行地”（即网场）范围。合作社诞生后，政府向渔民提供了大量贷款，生产资料在持续增长着。到 1954 年，荣成县附近的渔场上集中了 1300 多副网具，其中大部分是定置网。近海渔场的面积相当广阔，但并不是每个地方都适于摆放定置网。当网具数量达到饱和状态时，渔民往往会为抢夺地盘而产生矛盾。穆盛博就曾经考察过 20 世纪

---

① 《荣成县六区烟墩角渔业生产合作社生产情况及存在的问题报告》（1953 年），荣成市档案馆藏，档案号：1–73。

前期舟山渔场上发生的争吵和械斗。[①] 在 50 年代后强有力的政府管理下，渔民通常不会诉诸暴力行为，但是拥挤的渔场仍然会造成不同生产群体之间的日常纠纷。

此外，渔业在本质上是一个生物过程，依赖于大自然的恩赐。渔场上的水温洋流变化不断地改变着种群数量、洄游路线以及产卵场。这种波动很难预测，也不可能完全依靠技术革新来解决。初级合作社的宗旨之一是通过统购统销来稳定鱼价，可是在 50 年代前期，生产者和管理者之间很少达成统一价格的协议。当渔期结束后，合作社、互助组和渔民会按照某种比例分配渔获物。凭借生产资料占有的股份，渔民获得了超过 1/3 的产量。他们留下日常生活所需的食物，把吃不完的鲜鱼拿到集市上出售，最后剩下的产品就卖给合作社或者鱼贩。[②] 在这种资源分配模式下，初级社并没有垄断水产品的经营权，除了按比例获得的那部分产量，它还需要从渔民手里有计划地进行采购。采购依赖于丰富而稳定的资源量，可是鱼群数量却经常发生变化。在资源量紧缺的阶段，面对不断哄抬价格的鱼贩，合作社就陷入一场难以打赢的抢鱼战里。

资源问题激化了初级渔业合作社及其内部成员之间的矛盾：一方面，产业结构和集资模式造成了近海渔具的急剧膨胀，不同的村社为争夺渔场而产生纠纷；另一方面，生产资料入股的分配原则影响到统购统销的目标，合作社与鱼贩的抢鱼战也随之爆发。如果初级渔业合作社不能通过自我调适解决这些问题，那么政治改革就显得很有意义了。

---

① Micah S. Muscolino, *Fishing Wars and Environmental Change in Late Imperial and Modern China* (Cambridge: Harvard University Asia Center, 2009) , pp.127–150.

② 《上半年渔业生产总结》(1953 年)，海阳市档案馆藏，档案号：56–1。

第二节　村社之间的渔场纠纷

从青鱼滩向南航行20多海里，到达荣成县南端的大鱼岛。早在20世纪40年代，这片海滩上就诞生了季节性合作组织：每年最繁忙的春季渔期里，有几户渔民联合起来进行捕捞。到了鱼群稀薄的夏季，他们纷纷返回自家的麦田里，互助组也就宣告解散了。1949年以后，这些互助组转化成常年性的合作组织。在随后的几年里，一切进行得还算顺利。①

几个渔村共同享有对大鱼岛渔场的捕捞权。20世纪前期，从一个叫南石咀的岬角附近产生了一条网场分界线。大鱼岛占据着这片海域的绝大部分，仅仅给界限西侧的周家庄留下了不到40%的网场。周家庄的渔民并未对此提出异议，因为他们的定置网数量比大鱼岛要少得多。两个渔村在各自的捕捞范围内划分每户人的网场，遵循着互不干扰的准则。直到互助组时代，两个渔村之间还维持着融洽的关系。1951年，周家庄的一位渔民拾到了大鱼岛社的16块流网。他把网送到海滩上晒干，再通知失主领取，浪费了一整天的捕鱼时间。失主塞给他一笔报酬，却被他拒绝了。

1953年夏天，大鱼岛已经拥有30副虾板网、50副挂网和8艘渔船，把老邻居周家庄甩在了后面。②不过，大鱼岛社的渔民很快就遇到近海渔场紧张的问题。有些社员主张越过界限，而另一些人则担心这样做会激怒周家庄的渔民，建议到蚧口村附近的海域去撒网，但是这个渔场的距离很远。宋仁璞是位有魄力的领导者，他最终决定越过南石咀进行捕捞，即使知道这样做会引发冲突。③

① 《关于整社并社情况报告》（1952年），荣成市档案馆藏，档案号：85-4。
② 《宋仁璞同志的模范事迹》（1957年），荣成市档案馆藏，档案号：16-190。
③ 《宋仁璞模范个人报奖材料》（1957年），荣成市档案馆藏，档案号：16-190。

渔场另一端的周家庄对大鱼岛擅自越界的行为感到不满。他们向宋仁璞提出交涉，但宋仁璞却认为，两个村社之间从未就渔场的界限达成过正式协议，他的社员在某些有争议的海域里撒网，仅仅是因为这些海域距离大鱼岛而不是周家庄更近。很多年来，大鱼岛一直容忍着周家庄占据着近半个渔场的做法，现在仅仅是收回本应属于他们的地盘。交涉的双方最终不欢而散，把处理渔场争端的难题扔给了水产科。

水产科委派的调查员来到了纠纷现场，根据两个村社的传统捕捞习惯，他们倾向于把这片渔场判给周家庄。几天后，调查员的信函被递交到水产科，政府的干部们也感到非常头痛。尽管他们不赞成这种私自越界的做法，可考虑到大鱼岛是模范渔业社，惩罚它可能会给整个合作化运动蒙上阴影。于是，水产科最终裁定双方保持原有的渔场界限，每年的春汛期间，大鱼岛可以在周家庄的地盘上放网，谷雨之前必须撤出。这个裁决对大鱼岛更加有利，不过周家庄的渔民也暂时忍气吞声了。

其他渔场也发生着类似的事情。有些原本关系很融洽的渔村，到了初级合作社时期却争吵不断。1952 年，荣成县仅仅发生了 2 起跑网事件，而 1954 年却发生了 3 次渔场纠纷和 10 多起跑网事件。原因在于初级渔业社产业结构具有相似性，如果毫无限制地发展同一种渔具，那么彼此间的冲突就会增加。合作社管辖着十几人的小生产队，这类单位最适合经营低成本的定置网渔业：队员们赶在每天涨潮前放网，等到退潮后再收网，对渔船动力的要求很低。定置网的膨胀让近海渔场变得更加拥挤了，不同的村社之间为抢夺渔场而发生争端。作为渔场纠纷的调解者，水产科的裁决与公有制改革的目标具有一致性。合作化运动的发展并不均衡，老资历的模范渔业社在调解中往往会占到便宜，这种状况激化了村社之间的矛盾。

事实上，渔业机构为挽救渔具结构的失衡而进行过一些努力，包括海阳县在 1954 年提出的联合渔具和资本的设想。然而这一设想在初级社内部很难实现：首先，初级社基本上遵循着半渔半农的生产模式，渔船和网具处于相对分散的状态。从 1951 年开始，荣成县实施的捕鲨计划提高了渔村的专业化程度，不过它并没有解决全部的问题。[①] 其次，生产队之间缺乏资本上的合作，这种状况妨碍了渔船动力的改进。众所周知，发展流动性强的拖网和圆网渔业可以缓解近海渔场的压力，但是如果没有机械化的帮助、仅仅依靠人力划船，那么这两种渔业的生产效率并不高。1954 年，海阳县的机帆船只有木帆船数量的 5%，平均功率还不足 15 马力。在一个叫邵家村的初级社里，社员们集资购买了一艘小型机帆船，可是几个生产队之间经常为渔船的使用权发生争吵。[②]

很多事实表明，渔场纠纷难以在初级合作社的制度框架内解决，这种状况持续了两年时间。50 年代中期，胶东沿海的渔村迎来了合作化运动的高潮。在以专业化及公有制为特征的高级渔业社阶段，渔具和资本才发生了更广泛的联合。

为了组建专业化的高级社，水产科劝说半渔半农的村社之间交换生产资料，让原本分散的农具和渔具变得集中起来。1955 年，大鱼岛把一片山岚送给周家庄经营，换取了 5 艘舢板和 30 多副渔网。这样周家庄的农业渔民就得以从渔业中脱身，而大鱼岛增加了两个渔业生产队，他们同原有的三个生产队共同组建了新的高级渔业社。很多专业化的农庄和渔村只维持了短暂的时间，没过多久就又回到了半渔半农的道路上。[③] 尽

① 王楠：《资源禀赋、政策导向与社会效应——20 世纪 50 年代荣成地区的捕鲨计划》，《中国农史》2014 年第 5 期，第 104—112 页。

② 《海阳县第九区邵家村邵长贵渔业社调查报告》（1954 年），海阳市档案馆藏，档案号：56-2。

③ 李玉尚：《海有丰歉：黄渤海的鱼类与环境变迁（1368—1958）》，上海交通大学出版社 2011 年版，第 50 页。

管如此，生产资料的大交换还是让它们退出了近海渔场的争夺。

更重要的是，高级渔业社在公有制基础上进行资本联合，使渔民能够集资购买机帆船和大型渔具。1956 年，海阳县的机帆船增加了 12 艘，平均功率在 30 马力以上。第二年，政府在崂山区建立了一家拥有年产 7000 吨级船舶能力的造船厂。机帆船的普及让渔民告别了依靠人力挥动船桨的日子，陷入停滞状态的拖网和圆网渔业很快就复兴起来。到 1957 年，海阳县的船拖网创造了 30% 以上的渔获量，圆网也替代了绝大部分挂网，近海渔场的纠纷似乎降温了。当然，某些归属权不明的海域仍然会发生争端，例如牟平县的几个渔业社——或许应该称之为由很多村落组成的“渔业公社”——曾经争夺过一片拉网渔场。[①] 这类事件的起因主要是行政区的变动，在高级合作社时代已经非常罕见了。

合作化初期的渔场纠纷起源于相似的产业结构和分散的集资模式。其结果是低成本定置渔具迅速膨胀，近海渔场很快就变得拥挤起来。如果发生渔场纠纷，民间自发的调解竞争又收效甚微，那么制度变革就成为一种可行的解决途径。

第三节　村社内部的水产品收购战

从大鱼岛来到石岛北岸的草岛渔港，这里成立了 5 个渔业互助组。在 1950 召开的渔业会议上，草岛渔港被要求派出一位劳动模范参加，几位组长共同推举了曲元璋。

每到汛期结束后，渔民急于卖出自己的渔获物，精明的鱼贩子就趁

① 《山东省人民委员会关于转发逯子玉同志〈关于处理烟台、牟平网场纠纷的报告〉的通知》（1957 年），牟平区档案馆藏，档案号：75-12。

机压低或者哄抬价格。烟墩角的几个互助组达成了统一鱼价的协议，每位成员在卖鱼前需要经过集体拍板。当然，这项协议对互助组之外的个体渔民无效。个体渔民拥有自己的渔船，每年从私营渔行贷款购买网具。这些渔行掌握着一部分渔具的股份，而且同个体渔民之间还订立过买卖协议。

1952年，崮山港的渔民成立了烟墩角合作社，戴着渔业模范光环的曲元璋成功地当选为社长。他刚刚接手的是一个混乱的“家庭”：原有的5个生产队，加上新建的6个生产队和一些个体渔民。合作社不断吸纳着新成员，从身无分文的渔工到掌握着生产资料的富农，渔业产量由村社、生产队和渔民按照规定的比重分配。合作社自身带有商业组织的性质，每年都有计划地进行联合推销。当然，它所获得的产量并不能满足供销计划，还需要再从渔民手里收购一部分鲜鱼。

初级合作社刚成立就赶上了好年景，渔获物堆满甲板和晒鱼场，采购任务很快就完成了。可是好景不长，1953年春天，渔民遭遇了歉收，小黄鱼减产超过40%，这些有限的渔获物立刻变成了抢手货。很多渔民偷偷地跟鱼贩子交易，因为鱼贩子的出价比合作社的收购价更高。没过几天，合作社就采购不到小黄鱼了。曲元璋联合其他几位社长致信水产科，埋怨事先制定的鱼价太低了，水产科准许他们适当地调整收购价格。在接下来的夏季渔期里，合作社适当提高了每斤带鱼的收购价格。可鱼贩子马上以更高的价格把鱼买走，再运到几十公里外的海阳县出售，那里的鱼价更高，采购任务又失败了。[①]

合作社被卷入了一场棘手的抢鱼战。如果产量稳定，合作社和鱼贩子之间还能相安无事；而到了歉收时期，两大买主就会为争夺有限的资

① 《一九五三年第三季度水产工作报告》(1953年)，荣成市档案馆藏，档案号：16-73。

源而大打出手。每当合作社提高水产品的收购价格，鱼贩子就跟着水涨船高地抬价。渔民对自己的产量拥有决定权，他们会根据出价的高低选择买主：一边是挂着固定价牌的合作社，另一边是不断哄抬价格的鱼贩子，抢鱼战的输赢也就失去了悬念。

这件事让水产科伤透了脑筋。在 1953 年 8 月底召开的渔业会议上，水产科要求社长们对渔民进行宣教。这似乎只是简单的部署问题，然而事情远比想象中的麻烦。曲元璋回去后召集了所有的社员，试图说服他们把鱼卖给合作社。原有的几位互助组长纷纷举手赞成他的号召，很多老资历的生产队员也算是他的同盟军，这些人在几年前就达成过统一鱼价的协议。没想到的是，新组建的几个生产队和刚刚入社的渔民却不买账。曲元璋劝说社员们向老模范看齐，有人马上翻出了几年前渔业模范选举的旧账，还讽刺说曲只配做一个“贫产模范”，根本就没资格摆社长的架子。其他合作社也发生着类似的事情，一些资历很深的模范社长在同新社员的较量中败下阵来。①

1954 年春天，渔民迎来了一场旺汛。不过在随后爆发的带鱼抢购战中，合作社和鱼贩子再次摆开了决战的架势。曲元璋把采购指标分配到每个生产队，如果完不成任务，合作社将拒绝为其提供生产物资。只要鲜鱼能卖个好价钱，那么这个惩罚对渔民而言也不算严厉。他们可以直接从银行里贷款，从市集上购买生活用品，用不着再看合作社的脸色。单干户出身的队长曲元璞一直看不惯曲元璋，甚至向队员放话“自己解决生产物资”。②

烟墩角等初级合作社又一次输掉了抢鱼战。虽然渔获量没有降低，

① 《荣成县六区烟墩角渔业生产合作社生产情况及存在的问题报告》（1953 年），荣成市档案馆藏，档案号：16–73。

② 《曲元璋生产合作社典型报告》（1954 年），荣成市档案馆藏，档案号：16–99。

可是村社自由支配的产量有限，而且它们的盟友也变得越来越少。在石岛西侧 80 公里的海阳县大埠圈港，几个合作社同样饱受抢鱼战的困扰，每到贫产年份都会被鱼贩子闹腾一番。遗憾的是，大埠圈的村社不仅没有同石岛镇的村社达成价格联盟，反倒打起了对方的主意。鱼贩子把石岛的水产品运到这里可以增加市场供给，让合作社的采购计划变得更加容易。很快，几个村社就在鱼贩子经常落脚的码头旁开设了饭店，还准备办几家做面食的馆子。①

抢鱼战暴露了初级合作社在应对资源量变动方面的缺陷。渔业在本质上是一个生物过程，依赖于大自然的恩赐。资源争端主要集中在鲐鱼、鲅鱼和小黄鱼等洄游性鱼类上，它们随着水温和洋流的变化不断地改变着种群数量、洄游路线以及产卵场。这种波动很难预测，也不可能完全依靠渔场上的技术革命来解决。

当资源量满足不了采购计划时，初级合作社希望渔民牺牲短期和局部利益，维持一种超越市场需求与个人利益的集体经营模式。遗憾的是，合作化运动降低了村社成员的决策力和责任感。互助组仍然遵循着自愿加入的原则，而初级渔业社却混进了很多觉悟不高的成员，他们在入社时怀着强烈的不满和抱怨。1952 年，曲元璋的生产队弄坏了一艘机帆船，曲元璞在会议上当众谩骂。这件事让曲元璋的威信扫地，抢鱼战发生后，他除了善意规劝，就拿不出更强硬的办法了。②

不过鲨鱼肝等工业原料的收购活动几乎没出乱子。原因在于法律规定渔民必须把它们卖给国家，合作社仅仅是一个转运站而已。贩卖鱼肝

---

① 《海阳县人民政府一九五四年上半年水产工作总结》（1954 年），海阳市档案馆藏，档案号：56–2。

② 《荣成县六区烟墩角渔业生产合作社生产情况及存在的问题报告》（1953 年），荣成市档案馆藏，档案号：16–73。

的利润不高，被政府发现将面临严厉的处罚。当然，初级合作社不可能采取这种方式限制渔民的行为，根据共同分配的原则，它没有垄断水产品的经营权，同时也缺乏强制性的政治力量。一旦资源量匮乏，就可能引爆初级社的分配原则与经营目标之间的固有矛盾。只有取消渔具入股并实行按劳分配，才能解决抢鱼战的困扰。

在 1954 年的乳山县渔业会议上，有人提议由合作社优先掌握支配资源的权限。这一设想在合作化初期根本无法实现。直到高级渔业社时代，生产资料的公有制才确立下来。渔期结束后，合作社收走全部的水产品，定额供应给工人、军队和政府官员，留下一部分实行集体推销，最后根据劳动量和需求分配给社员。村社委派专人到外地市场上推销水产品，用这笔收入来购买粮食、日用品以及生产资料。集体物资的价格低廉，渔民只需要花费五个工分就可以换到一勺照明用的桐油。

当然，高级社并不是一个从摇篮包办到坟墓的福利组织，社员们仍然需要通过市场卖出家庭副业的产品，有时也包括剩余的渔获物。50 年代前期，水产品交易受到过严格的管制。到了高级社时代，政府逐渐开放了鲨鱼等特殊工业原料以外的水产品市场。① 乳山寨村的一位渔民喜欢在休渔期捕猎，把毛皮拿到市集上出售。随着市场管制的放松，他可以顺便再挑上一些咸鱼。②

通过集体推销和采购，高级社掌控着社员的生老病死之外的重要活动，用不着再惧怕抢鱼战了。虽然渔民的收入仍然维持原状，但是资源的分配原则却发生了转变。初级社时代的渔民先拿到属于自己的份额，再卖给合作社或者鱼贩；而高级社是把渔获物收归己有，然后决定如何

① 王楠:《资源禀赋、政策导向与社会效应——20 世纪 50 年代荣成地区的捕鲨计划》,《中国农史》2014 年第 5 期，第 104—112 页。

② 《报告我社劳动竞赛情况》(1956 年)，乳山市档案馆藏，档案号：59–56。

分配。在渔业减产的情况下，高级社可以保留足够的产品来维持供销计划。1957 年春天，鲅子鱼发生了减产。曲元璋同其他几位社长商量后，决定把原本应该分配给渔民的产量折算成工分，作为其下一个季度换取物资的凭证。像往常那样，鱼贩络绎不绝地来到石岛镇，不过很难再玩弄他们的惯用伎俩了。

初级渔业社的分配原则与经营模式之间存在冲突，当环境变动造成资源量匮乏时，这种冲突就升级为集体与个人的资源争夺战。而到了高级合作化阶段，村社掌握着资源的优先分配权，包揽了最重要的生产物资和经营活动，水产品收购战也就随之销声匿迹了。

小　结

社会组织的命运需要建立在共同的利益与福祉之上，包括不同群体以及个体之间协调有序地支配环境与资源的权利。夏竹丽（Judith Shapiro）曾经评论说，当代中国发生的政治变革往往伴随着支配环境与资源的强烈意愿。[①] 在渔业合作化运动中，无论渔民怀着怎样的热情和憧憬，合作社在本质上都是以生产为目标的社会组织，遵循着特定的资源开发与经营秩序。

新中国成立初期，随着胶东渔村步入合作化阶段，环境与资源的挑战也与之俱来。一方面，初级社的产业结构和集资模式有利于发展传统渔业，当定置网等近海渔具发生过度膨胀时，生产者可能会为争夺渔场而产生纠纷，影响到原本和睦的村社关系；另一方面，股份制分配原则

① Judith Shapiro, *Mao's War against Nature: Politics and the Environment in Revolutionary China*（New York: Cambridge University Press, 2001）, pp.27–33.

与集体化经营目标之间存在冲突，在资源匮乏阶段，渔民往往倾向于将水产品卖给私营鱼贩，导致合作社经常在资源收购战中落败。高级渔业社建立后，在共同集资生产模式下，拖网、围网等大型渔具发展起来，渔民将劳动海域摆在更遥远的地方，减轻了近海渔场压力。根据资源量变动，高级合作社确立相对稳定的分配法则，满足集体对渔获物的优先收购权。村社之间的渔场纠纷以及村社内部的资源收购战逐渐消弭。

半个多世纪过去了，那场合作化运动的影响早已消失。从水产公司到民营船队，今天海上捕捞活动的组织形式变得灵活多样，人们将产量和利益至上的准则发挥到极致。而与此同时，渔业资源量已经陷入瓶颈：传统渔获物产量持续下滑，黄花鱼和真鲷等鱼群再也无法形成旺汛。面对资源危机，很多看似稳定的渔业生产和收购秩序将遭遇冲击。时隔半个多世纪，当代人处理资源争端的某些方式——比如采用合伙集资发展远海渔业、建立稀缺资源的优先收购渠道等，与合作化时代的人们仍有相似之处。令人欣慰的是，这些变革至少带来了突破瓶颈的一线希望。

第七章　资源、技术与政策：渔村妇女的角色转变

在传统的农本社会里，土地父权制构成了“男耕女织”的性别分工体系的经济基础，拥有土地的男性比从事家务的女性掌握着更多的家事发言权。正因为如此，新中国成立初期的地权变化往往被视为农村性别革命的拐点。特别是在农业集体化阶段，新的土地改革法令打破了父权制对女性劳动力的束缚，社会主义国家广泛地发动妇女参与农业生产。这些改革推动了性别分工体系的更新，妇女的家庭地位和社会角色也随之变化。

我们承认地权变化对改善女性的境遇和发展的意义，然而农村妇女的新角色并非纯粹的土地因素的产物。早在 1967 年，海伦·福斯科·斯诺（Helen Foster Snow，笔名 Nym Wales）就强调社会福利政策的作用，新中国政府设立的托儿所和食堂等公共服务机构减轻了琐碎的日常家务，让妇女有更多的时间投入农业劳动。[①] 相对而言，杰华（Tamara Jacka）更关注技术进步如何改变了女性的地位。在依靠人畜耕作的早期农业阶段，

① 斯诺：《中国新女性》，康敬贻、姜桂英译，中国新闻出版社 1985 年版，第 3 页。

身体羸弱的女性很少从事繁重的体力劳动。1949 年以后，机械化生产降低了种植业的人力需求，妇女与生俱来的技巧和耐心等天赋也被激发出来。[①] 除此之外，中国政府还致力于从意识形态层面解放女性。正如贝弗利·胡珀（Beverley Hooper）指出的那样，共产主义者抨击儒家思想的陈规陋习，帮助农村妇女摆脱传统的"贤内助"角色。[②] 这些研究成功地展现了 20 世纪 50 年代中国农村的"性别革命"，遗憾的是，其核心对象仍然是从事种植业的妇女。面对复杂多样的农村生产方式，仅仅凭借种植业的经验，恐怕无法全面地揭示自然与社会因素对性别分工以及妇女角色的影响。

拿渔业活动来说，与农民耕种的土地相比，海洋是一个富饶的资源库，因此渔业性别分工与渔场所有权之间的联系比较淡薄。20 世纪 30 年代的调查报告显示，在环境变迁和经济破产的困境中，渔民可以通过借贷或迁移等方式维持生计。[③] 尽管有记载表明，捕鱼并非沿海人口唯一的收入来源，大多数渔村都沿袭着半渔半农的生产方式，然而渔场的存在至少减缓了失去土地所造成的影响，渔村妇女的经历也不同于农业妇女。

本章考察的是近现代胶东渔村的女性。通过发掘利用档案和报刊资料，我们追溯了渔村妇女自摆脱男性主导的渔业分工以来，直到 20 世纪 50 年代末参与合作化运动，实现经济与政治地位转变的过程。在我们看来，这段历史固然蕴含着类似于农业的急剧变革，但更多地呈现为资源、技术和政策影响下的渐变过程。本章尝试结合自然、社会和性别等进行

① Tamara Jacka, *Women's Work in Rural China: Change and Continuity in an Era of Reform*（Cambridge: Cambridge University Press, 1997）, p.167.

② Beverley Hooper, "Women in China: Mao v. Confucius," *Labour History* 29（1975）:132–145.

③ 李士豪：《中国海洋渔业的现状及其建设》，商务印书馆 1936 年版，第 96—100 页。

多视角分析，这一范式与西方的生态女性主义理论有异曲同工之处。当然，我们并不赞成西方学者所强调的两性对立，而是揭示资源变动、技术发展以及政策演进如何推动了渔村妇女的角色转变。

第一节　传统渔业性别分工的解体

从地图上俯瞰，胶东半岛被黄渤海渔场环绕着，海滨分布着小块的冲积平原。渔场和土地提供了重要的收入来源，沿海居民大都遵循半渔半农的生产模式。19 世纪的男性除了捕鱼还耕种着小块土地，他们在结绳劳动中度过寒冬，开凌前有“剖冰击鲜”的传统。[①] 大地上的冰雪初融，男人就拿起犁耙到田间劳作；春汛来临时，他们登船出海。捕完春汛回家，男人又接过了繁重的收割工作。等到索饵洄游的鱼群形成秋汛，他们又回到渔场上，赶在下雪前拉起最后一网大头鳕返航。海上劳动经常遭遇危险，很多渔民被风浪吞噬了，地方志里记载着他们守寡的妻子。[②] 妇女主要从事岸边劳动，腌渍工艺的成熟应该归功于女性：鱼干是越冬的重要食物，美味的河豚干和腌鲅籽还能贩卖到外地市场。当然，这些都被视为男性劳动的注脚。

传统的渔业活动依赖于某些重要资源的维系。在历史上，胶东渔场盛产鲱鱼、真鲷、鳓鱼和对虾，它们拥有庞大的种群数量，每逢春秋两季就游向近海产卵索饵，农业渔民在土地和渔场之间灵活地转换着。嘉道年间，鲱鱼大旺发挽救了成千上万的饥民。考据学家郝懿行记录说，

① 道光《荣成县志》卷三《食货·物产》，道光二十年刻本，第 8 页 b。

② 民国《牟平县志》卷八《列女》，1936 年铅印本，第 38 页 b、第 40 页 b；民国《高密县志》卷四十九《人物志·列女》，1935 年铅印本，第 10 页 b。

春汛期的鲱鱼“挂网之繁，无虑千万”，捕鱼的迁徙者们在海岸线上建立起大量的渔村。19 世纪前期，真鲷的资源量同样相当可观，莱州湾渔民创造过“一网可获数万”的惊人产量。[①]

在延续了几个世纪之后，很多重要的渔业资源陷入匮乏阶段。环境变化造成了某些鱼群的减产。鲱鱼离开了水温升高的黄渤海产卵场，迷信的渔民纷纷讹传蒸汽船激水的响声吓跑了鱼群。[②] 与此同时，过度捕捞也加剧了资源的崩溃。1915 年，来自九州岛和日占旅顺港的渔船在黄海北部捕鱼。1921 年，日本船队在海州湾找到真鲷产卵场，对越冬群系进行酷渔滥捕。[③] 还有些海洋生物也难逃厄运，20 世纪 30 年代福山县渔民抱怨鳓鱼已经灭绝，对虾的体长也明显缩短了。[④]

受到生物种群变动的影响，渔民告别了依靠传统的资源结构谋生的时代。19 世纪末，随着黄海鲱鱼的消失，胶东渔民纷纷到朝鲜西侧的海域捕鱼，春汛后登岸砍伐柞树，满载着一船柴薪回家。1880 年，偷捕渔船的数量达到五六百艘，全罗道的官员奏报李朝国王，海面上的中国渔船“广张数罟，遮绝渔路”。[⑤] 中日甲午战争后，日本军舰封锁了通往朝鲜的航道。胶东渔民合伙建造起大风网，转向渤海湾内捕捞小黄鱼，拿到河北鱼市上出售，直到夏至才返回故乡。这些远海渔业几乎不需要两性合作，妇女从事的岸边劳动开始明显地减少。

20 世纪前期，胶东渔场上发生着前所未有的技术革新。1924 年，烟台渔业公司从国外买进几艘渔轮，青岛港也成功地试造出机帆船。这片

---

① 李玉尚：《海有丰歉：黄渤海的鱼类与环境变迁（1368—1958）》，上海交通大学出版社 2011 年版，第 248—253 页。

② 民国《文登县志》卷十三《土产》，1922 年铅印本，第 6 页 b。

③ 《日本渔船至海州湾浸渔》，《渔况》1930 年第 2 期，第 7 页。

④ 高维聚：《山东渔业急应改进之要点》，《山东水产导线》1933 年第 1 期，第 20—24 页。

⑤ 《李朝实录·高宗实录（四）》卷十七，十七年二月己亥，科学出版社 1959 年版，第 94 页。

海域集中了近200艘汽船，大量地招募男性渔工。渔工需要度过大半年的漂流生活，当时的渔谣唱道："夏季汽船停埠旁，渔夫回家探老年，但等伏末秋初到，骨肉分离再上船。"[①]1928年夏天，德国轮船在青岛港附近搭救了一艘机帆船，船上的五位中国渔民都是男性，从即墨县远道而来。[②]新技术的应用延长了生产期，放弃休渔期的农业渔民逐渐转向职业化。

随着海上捕捞的时间和距离的扩展，男人们需要即时处理渔获物，不能返回岸边再加工。1931年，青岛和烟台创办了两家制冰厂。拖网渔轮可以携带冰块出海，对渔获物采取冷冻保鲜。与此同时，腌鱼的重要原料——廉价粗盐的供应也出了问题。20世纪20年代，日商在青岛生产精盐，销往日本和朝鲜，而中国本土的煮盐户纷纷破产逃亡。1935年，青岛近海迎来了一场鳓鱼旺汛，可是盐价却居高不下，渔民只能忍痛把捕获的鱼倒回海里。[③]冷藏技术的进步以及渔盐危机的爆发，都降低了妇女所承担的腌渍工作的重要性。

抛开资源和技术要素，政策同样影响着女性的境遇。众所周知，国统区的很多农村发生了小农破产和妇女务工的浪潮，国民政府专门设置了妇女部，通过立法保障女性的职业权利。当时妇女的劳动报酬偏低，不过在主流的社会学家看来，有收入毕竟是赢得经济独立的前提。而渔村的情况却并非如此：与脱离土地的农民相比，破产的渔民仅仅失去了资本和工具，却保留着渔场和资源。他们从私营渔行借贷，或者受雇于汽船渔业。抗战胜利后，海上生产有所恢复，涌入城市务工的渔村妇女

---

① 张玉芝：《四季杂感》，《山东省渔民歌谣集解》，山东水产学会1947年，第57—58页。

② 《德国领事馆关于德轮爱尔斯达号救渔夫王佩福等五人义勇可感的函》（1928年），青岛市档案馆藏，档案号：B0032-001-00422-0034。

③ 邓尊法：《盐》，商务印书馆1947年版，第86页。

并不是太多。

从 1941 年起，中国共产党陆续在胶东解放区的渔村推行互助化改革，实施渔具公有、男女社员共同吃饭和劳动的制度。[①] 这项制度类似于内陆解放区的土改政策，即不分性别地将土地分配给农民。但不要忽略二者的差别：有土地的妇女可以从事种植，有渔具的妇女却未必能出海捕鱼。事实上，渔业仍然是男性的劳动。持有渔具股份的妇女要求分红，而男人们甚至拒绝登船以示抗议。1947 年，除了几个模范互助组，大多数渔村又退回分散经营的老路上，妇女仅仅在名义上占有渔具。1949 年秋天，胶东地委大量征调渔船和渔民，投入局势紧张的台海前线，渔村的改革被暂时搁置下来。[②]

自 19 世纪晚期以来，资源变动冲击着以少数鱼类为纽带的生产模式，汽船的应用扩展了海上捕捞的时空范围，冰冻保鲜降低了腌渍工作的重要性，再加上战争的影响，由男性主导的渔业性别分工体系走向崩溃。国民政府保障女工权利的法令，以及解放区的互助化改革，都或多或少地提高了女性的社会地位，但并没有从根本上解决渔村妇女的劳动困境。

第二节　握起锄头和镰刀：渔农结合社的女性农民

20 世纪 50 年代，传统的渔业资源日益枯竭。海州湾的真鲷已经被捕捞殆尽，小黄鱼和鳓鱼尚未恢复。日本在战后面临着食物危机，对东

① 《高恒山渔业生产合作社典型报告》（1952 年），荣成市档案馆藏，档案号：16–48。

② 《胶东区党委、军区、行政公署联合决定》（1949 年），文登市档案馆藏，档案号：1–12。

海等越冬场进行酷渔滥捕，海面上的中日渔船经常爆发冲突。由于越冬鱼群被过度捕捞，胶东沿海的渔获量也就不可避免地受到影响。

幸运的是，技术进步缓解了传统渔获物减产带来的影响。新中国政府把战时征用的运输船归还给渔民，发展先进的渔具渔法，宣传“苏联渔民用汽船捕鱼，过着美好的生活”的故事。[①] 钓钩、拉网和拖网替代了古老的风网，渔民纷纷放弃休渔期，冒着严寒酷暑出海捕鱼。1951 年以后，新式的围网渔轮大显身手，鲐鱼和带鱼的渔获量持续攀升。到 1954 年，烟威渔场有 8500 吨鲐鱼被捕上甲板。[②] 随着工业化进程的加快，特别是鱼肝油萃取技术的问世，鲨鱼、孔鳐以及东方鲀等“杂鱼”成为渔民的新宠。

初级渔业社仍然沿袭着半渔半农的生产习惯。除了耕种自身的土地，社员还要管理军属的代耕田。谷雨季节，政府会指示村社发动男劳力，优先完成代耕劳动。村社里纯粹的农民比重不高，主要是老年人。青壮年男人大都是职业渔民或者季节性的农业渔民。农业渔民过着时忙时闲的日子，徘徊在渔场和土地之间。[③] 惊蛰后的一个多月是春耕的高峰期，犁地、松土和播种玉米等都是男人的差事。直到洄游鱼群抵达渔场，他们才把锄头交给妇女。此时，最繁忙的春耕阶段已经过去，剩下的往往是锄草和施肥等轻松的农活。

春汛来临前，海洋里还有稀薄的越冬鱼群，可是海面上风暴频繁，经常打翻渔船。1952 年，荣成县的一个模范渔业社只有 13 艘舢板打冬。一位冒着严寒出海的渔民捕获了 40 多万元（合 1955 年后的 40 元）的毛

① 《高恒山渔业生产合作社是怎样组织起来的》（1952 年），荣成市档案馆藏，档案号：16–48。

② 朱树屏：《烟台海区鲐鱼渔场调查》，载《太平洋西部渔业研究委员会第二次全体会议论文集》，科学出版社 1960 年版，第 1—30 页。

③ 《一九五五年伏、秋生产情况报告》（1955 年），海阳市档案馆藏，档案号：56–3。

虾，反而遭到其他社员的嫉妒。1953春天，政府对“迎鱼头、追鱼尾”的劳动模范进行褒奖。有些村社集资购买了小型机帆船，在低强度的风浪里，可以把定置网渔船拖到渔场上。① 几处最重要的港口都设立了暴风站，由暴风员负责接收预警。②1955年，台风和寒潮预警的精度明显提高，渔业活动被掌控在相对安全的范围内。③

定置网和拉网渔民纷纷赶在清明节前出海捕鱼，农业就面临着劳动力不足的困境。1952年春天，山东分局妇委会建议发动妇女参加春耕。农业社对此没有提出异议，早在土地革命时期，那里的妇女就撑起了半边天。而渔农结合社最初并不赞成这个号召，每到农忙季节，它们可以从农业社里雇来短工代劳。没过多久，农业社内部开展了丰产运动，超过60岁的老年人也要参加定额劳动，招募短工就变得非常困难了。

1952年成立的邵长贵渔农结合社有25户人。建社初期，男性几乎包办了全部的渔业劳动以及主要的农活，妇女们平日能做的“重活”也只是锄草施肥，有些人甚至连犁头都不会使用。1953年，村社里的网具增加到33副，大多数青壮年男子投入渔业生产。农业队员本来就匮乏，还要扔下家庭土地，到代耕田上劳动，他们纷纷抱怨起“白占便宜”的军属。最后，政府从外地紧急抽调了一批人手，教会渔村妇女一些简单的农活。第二年春天，邵长贵社的农业生产队增加了14位女队员，她们同留守的9个男劳力共同承担起春耕劳动。④

渔农冲突还在延续着。捕完春汛后，农业渔民迎来了夏季的休渔期。

---

① 《荣成县六区烟墩角渔业生产合作社生产情况及存在的问题报告》（1953年），荣成市档案馆藏，档案号：16–73。

② 《山东省暴风警报站管理试行办法》（1952年），牟平区档案馆藏，档案号：75–3。

③ 《一九五五年上半年度暴风警报工作总结》（1955年），海阳市档案馆藏，档案号：56–3。

④ 《海阳县第九区邵家村邵长贵渔、农生产合作社调查报告》（1954年），海阳市档案馆藏，档案号：56–2。

鱼群进入分散索饵阶段，集中捕捞的效率降低了，浅海渔场上只剩下几副流网和定置网。再过一个多月，索饵和适温洄游的鱼类形成秋汛，又该出海捕鱼了。两个旺汛之间是小麦的收割季节，这些农活就理所当然地交给了休渔期的男人。

50 年代前期，青岛和烟台竖起了几座化工厂的烟囱，鱼肝油工业的原料需求在持续增长。渔业机构发动渔民捕捞肝脏含油量较高的鲨鱼、鲑子鱼和东方鲀。1952 年，荣成县水产科劝说渔民扔掉夏季的农活，到远海渔场上钓鲨鱼。牟平县也发展过类似的捕鲨业和延绳钓渔业。[①] 这些夏季渔业的发展加速了农业渔民转向职业化的步履。

捕鲨活动赶上了麦收季节，很多地区不愿意执行计划，把水产工作者派往山区进行小麦育种试验。有些渔民只是出海碰碰运气，发现鱼群稀薄就放弃捕鲨业，返回土地上干农活。荣成县蔡家庄有 270 多亩麦田，还担负着 30 多亩玉米地的代耕任务。1953 年夏天，社长高恒山向政府递交了丰产竞赛书，从麦田里抽调劳动力到旅顺渔场钓鲨鱼。出发前碰上了阴雨天气，有人担心抢收不及的小麦会生芽，就拒绝登船出海。[②]

虽然蔡家庄把闲置的男劳动力集中起来，成立了夏季农业互助组，可是对这个 13 人的互助组来说，300 多亩土地的收割任务还是太繁重了。村社最终决定发动 13 个大脚妇女和 10 个小脚妇女参加麦田收割。县政府从农业社抽调了十几个帮手，还嘱咐高恒山要照顾小脚妇女的劳动强度。渔农业的劳动力匮乏问题很快就缓解了，蔡家庄的社员们拍手称赞："今年的土地做的真好，还少使了不少工夫钱。"[③] 几个邻近的村社发现蔡

① 《牟平县 1954 年渔业代表大会记录》（1954 年），牟平区档案馆藏，档案号：75-6。

② 《荣成县八区蔡家庄高恒山渔业生产合作社总结》（1953 年），荣成市档案馆藏，档案号：16-73。

③ 《荣成县八区蔡家庄高恒山渔业生产合作社总结》（1953 年），荣成市档案馆藏，档案号：16-73。

家庄尝到了甜头，也纷纷发动妇女参加麦田收割。

在半渔半农的初级社里，种植业还占据着重要地位。发动妇女务农为家庭和村社提供了巨大帮助，特别是大脚妇女，能够胜任从播种到收割的全部农活。当然，绝大多数初级社仍不赞成妇女出海，但这种状况随着合作化运动的进程而改变着。

第三节　从麦田到渔场：高级渔业社的妇女劳动者

20 世纪 50 年代中期，合作化浪潮席卷了胶东沿海。管理者相信，一个专业化的大家庭要比分散的、半渔半农的小家庭更有前途。牟平县的 7 处渔业社把土地、果园和山岚转交给农业社经营，[①] 乳山县的 30 多个初级社被合并成 9 个大社。经过生产资料及劳动组织的调整，一方面，农业社不再添置渔具，海上生产陷入停滞。有些地区除了年轻人还在捕鱼，剩下的季节性渔民已经转向农业。[②] 另一方面，渔业社交出了全部的土地，只能依靠海洋维持生活来源，“男性捕鱼、女性种田”的老办法就行不通了。男人完全投入海上生产，而务农的妇女显然不能再做回家庭主妇了。很多渔业社把妇女派出去打短工，可她们在农业社里无事可做，还经常受到歧视。[③]

这并不代表劳动力过剩，相反地，渔场上的技术革新增加了人力需求。1956 年，荣成县的机帆船增加到 10 艘。其中有 4 艘被派往舟山渔

① 《关于半渔半农应根据实际情况改渔农结合或渔业社的通知》(1956 年)，牟平区档案馆藏，档案号：75–10。

② 《关于渔业合作化发展情况报告》(1956 年)，荣成市档案馆藏，档案号：40–1。

③ 《关于半渔半农应根据实际情况改渔农结合或渔业社的通知》(1956 年)，牟平区档案馆藏，档案号：75–1。

场，学习对网渔业经验；有 2 艘穿梭在黄渤海之间的航道上，把挂网渔船运到黄河口附近。[①]政府号召基层村社，将劳动力尽量投入先进的拖网和围网渔业，适当放弃其他生产。即使如此，很多渔业社仍然需要雇用渔工。男人被推向更远的渔场，相对次要的近海渔业和副业就无人问津了。

大鱼岛位于石岛东南端的岬角上。初级合作化时代，妇女耕种着小块的家庭土地，很少从事渔业和副业劳动。1954 年，几位妇女参加了渔业互助组，男人们对这件事嗤之以鼻。渔民宋仁堂家里有 8 口人，还有一片麦田，由妻子和女儿打理着。有人劝他把女儿送到渔业生产队里养家糊口，却被他拒绝了："闺女大了是人家的人，参加社不参加社是一样的。"[②]依靠出海捕鱼的收入，加上几亩贫瘠的土地，很多贫困家庭还能维持生活。

在合作化浪潮中，大鱼岛的几个初级社和互助组合并起来，把土地转交给邻近的农业社经营。这个近 800 户人的高级社拥有 172 艘渔船，创造出全县 10% 的渔获量。村社还购买了纺草绳机、织网机和纺线机，发展为捕捞服务的副业部门。[③]所有的副业劳动由一个 15 人的小队承担着，队长经常抱怨人手不够。根据一份账务清单，为了雇用副业男劳力，村社每年支付的工资比所有社员两个月的口粮钱还多。

专业化的渔业社成立后，一些半渔半农的家庭就面临着生活危机。1955 年，一贯反对女儿参加劳动的宋仁堂找到社长，要求解决女儿的入

---

① 《荣成县水产局关于渔业代表技术会议情况报告》（1956 年），荣成市档案馆藏，档案号：40–1。

② 《荣成县大鱼岛合作社副业生产专题总结报告》（1956 年），荣成市档案馆藏，档案号：40–1。

③ 《荣成县大鱼岛合作社副业生产专题总结报告》（1956 年），荣成市档案馆藏，档案号：40–1。

社问题。他的土地已经被转交出去，失去了农业这条臂膀，靠捕鱼养家的日子就很吃力了。随后，他的大女儿成为最早入社的 5 个女社员之一。宋仁堂式的家庭并不罕见，在几个月后的整社运动中，又有 20 多个妇女要求参加合作社。第二年，大鱼岛合并了一个手工业初级社，得到 30 个从事修补编织的女工。

由于长期从事副业生产，男队员的技巧比妇女娴熟得多。相反地，生理条件和劳动经验的局限性降低了妇女的工作效率。水产科指示生产队对妇女进行培训，经过半年的学习，女社员们熟练地掌握了织网、编绳等工作。1956 年夏天，水产科把大鱼岛的成功经验推广到其他渔业社，妇女参加副业生产已经相当普遍。根据按劳分配的原则，很多渔业社颁布了"超产者奖、缺产者罚"的定值条例。职业培训和奖惩制度激发了女队员的工作热情，1956 年下半年，草岛寨的织网女工把每台机器的日产量由 6 个提高到 8 个；烟墩角的副业队每日人均只能编 15 公斤草绳，在妇女参加劳动后，人均日产量增加到 18 公斤。①

此外，到了高级合作化阶段，为了让男渔民投入高效的围网和拖网捕捞中，浅海渔业劳动就理所当然地交给了妇女。1955 年春天，乳山县白沙滩镇的渔民把大船集中起来，装上圆网捕捞带鱼。圆网渔业需要大量劳动力，于是很多钓鱼队员被抽调走了。渔联社很快就发现了渔船闲置的情况，马上组织妇女从事小型拖网渔业。

最先发动妇女的是两个模范渔业社，那里的女队员很快就掌握了劳动诀窍。她们白天休息，夜晚登上一艘可以搭载 4 人的舢板，由一位妇女划船，其他几位负责钓带鱼。这种渔业成本很低，用不着投放鱼饵，操作起来也非常容易，每个人只需要一把钓钩，一艘舢板每天晚上至少

① 《荣成县烟墩角渔业合作社办社的经验》（1957 年），荣成市档案馆藏，档案号：16-190。

可以钓到十几条带鱼。[①] 两个模范社的妇女工作进行得顺风满帆，其他的渔业社也开始纷纷效仿。到 1956 年春天，乳山县的 9 个高级社共有 200 多个女渔民。在劳动时间和强度的安排上，渔业社给予妇女特殊的照顾：赶上每月三天的例假，女渔民可以不出海，临时编入补网队。[②] 还有些不理智的跟风现象——例如盲目吸收妇女造成的劳动力质量下降等问题，也都得到了纠正。[③]

受到渔业歉收的影响，有些高级社最终回到半渔半农的道路上，另一些则维持了很久。但是无论如何，从高级合作化时期开始，妇女承担起更多的渔业和副业劳动，这对于她们赢得自身的经济与政治独立产生了重要影响。

第四节　女性的经济解放和政治诉求

借用女权主义者的经典比喻，政治平等和经济独立象征着女性的两条臂膀。20 世纪前期，渔村妇女的“两只手臂”还没有完全从绳索中挣脱出来。20 世纪 50 年代，村社发动妇女在很大程度上源自国家建设的需求，“许多合作社感到劳动力不足了，有必要发动过去不参加田间劳动的广大的妇女群众参加到劳动战线上去。”[④] 当然，除了生产力要素本身，社会主义国家还致力于从意识形态上解放妇女。政府宣扬男女平等的信

① 《秋季渔业生产工作情况报告》（1953 年），荣成市档案馆藏，档案号：16–73。

② 《荣成县大鱼岛合作社副业生产专题总结报告》（1956 年），荣成市档案馆藏，档案号：40–1。

③ 《牟平县 1956 年渔业生产合作工作及 1957 年工作意见》（1956 年），牟平区档案馆藏，档案号：75–10。

④ 毛泽东：《〈为发动妇女投入生产，解决了劳动力不足的困难〉一文按语》，《中国农村的社会主义高潮》中册，人民出版社 1956 年版，第 674—675 页。

条，要求妇女参与生产活动，而不再作为家庭和社会的包袱。

合作社成立初期，男人们瞧不起“种地不好、修理外行”的妇女。渔村里流传着迷信的说法，认为妇女登船不吉利。因此当水产科决定将妇女编入渔业生产队时，男人们闹起了情绪，抱怨妇女只能充人数，有些人甚至公开指责：“咱们二小队来了两个‘妈’，什么也不能干。”事实证明，妇女在织网、压线和纺绳等部门表现出良好的天赋，增产幅度达到 20% 以上，超过生产队的平均产量。[①] 此外，经过长期的劳动训练，从事春耕、夏收和捕鱼等繁重劳动的妇女，生产效率也得到显著的提高。这些事实颠覆了传统的性别歧视，让说闲话的男队员闭上了嘴。

根据按劳分配的原则，妇女摆脱了对男性的经济依赖。1954 年，邵家庄农业队的妇女平均可以赚到 200 多工分，相当于半个男农民的劳动量。1956 年 5 月，大鱼岛的女社员创造出 5000 多元的产值，其中大部分来自副业生产。村民张洪奎长期卧病在床，靠政府的救济维持生活。他的妻子参加劳动后，这个家庭不用完全依赖救济款度日了。另一位男社员经常抱怨养女儿只赔不赚，当女儿从生产队拿回第一笔钱时，他逢人便夸：“现在还幸亏闺女帮助我。”[②] 女社员吕鸿发赚到工资后很兴奋：“我过去手中常是分文无有，每次要花钱还得向丈夫婆母要，而现在自己手中有了钱，买东西也方便。”她用工资买来两块布料，给照管孩子的婆母和未成年的小姑各做了一件衣服。[③] 一个能劳动而且有收入的妻子、女儿或者儿媳，对于维持家庭成员之间的融洽相当重要。

参加社会劳动的女性，往往无暇从事缝补和做饭等日常家务。1955

---

① 《报告我社劳动竞赛情况》（1956 年），乳山市档案馆藏，档案号：59-27。

② 《荣成县大鱼岛渔业生产合作社报奖补充材料》（1957 年），荣成市档案馆藏，档案号：16-190。

③ 《渔民的阶级成分及互助合作的优越情况报告》（1954 年），海阳市档案馆藏，档案号：56-2。

年，大鱼岛有 500 多个青年妇女，大部分带着年幼的孩子。一个女社员的丈夫在外服兵役，村社替她耕种着几亩代耕田。高级社成立后，代耕田被交换出去，生活变得拮据起来。她本想入社赚钱，而婆母却不愿意照看孩子。第二年春天，合作社发动老年人成立了托儿组、推磨组和缝衣组，还专门购买了 4 台缝衣机和几头驴，孩子们在新试办的家庭小食堂里吃饭。[①] 抚养子女等家庭义务转变为合作社成员的共同责任，参加劳动的年轻妇女就没有了后顾之忧。

通过辛勤劳动，妇女获得了社会的尊重与认可。1951 年，荣成县派渔业模范参加省工农业代表会议，却没有给妇女参会名额。到 1956 年底，水产科在筹划渔业模范表彰大会时，规定必须有妇女出席会议。五龙咀村的张云卿只读过三年初小，辍学后就像其他渔村妇女那样赶海度日。1952 年，政府创办了水产养殖场，熟悉蚶类习性的她成为养殖场里唯一的女工。凭借高超的养殖技术，张云卿被聘为副业生产队的养殖组组长。她动员村里的少女到养殖场里打短工，这支队伍很快就增加到 40 多人。1956 年，养殖场播撒了 500 多亩蚶苗。第二年春天，张云卿出席了全县的渔业模范表彰大会。得知这个 23 岁的姑娘尚未嫁人，县长还专门为她说了媒。[②] 在这次会议上，其他几位妇女代表也像男模范那样佩戴起奖章。

不仅如此，村社的重要职务也逐渐对女性开放了。渔业合作社的内部设有管委会和监委会。20 世纪 50 年代初期，这两个基层自治组织中的女性比重还很低，主任的职位被男性把持着。1951 年，乳山县的渔村管委会和监委会中只有 1/10 的妇女。到了高级合作社阶段，妇女成员的

① 《荣成县大鱼岛渔业生产合作社经营管理和搞副业生产的经验》(1957 年)，荣成市档案馆藏，档案号：16-190。

② 《张云卿个人模范报奖材料》(1957 年)，荣成市档案馆藏，档案号：16-190。

比重迅速增加。秦家村有一位叫秦秀芬的女强人，利用闲暇时间组织妇女编织渔网，给村社省下一大笔开销。①合作社选举时，秦秀芬发现自己不是监委会主任的竞选人，于是要求加上自己的名字。有人打圆场说，秦已经是管委会的委员，就不要再进监委会了，没想到秦秀芬竟然当众抗议。由于县妇联和水产科的公开支持，秦当选为监委会主任。②秦秀芬的成功不是个例：在很多渔农业生产队里，妇女同样担任着“一把手”的职务。

就像桑德拉·马尔堡（Sandra Lin Marburg）揭示的那样，女性的从属地位是父权制经济体系的产物。随着自然与社会环境催生出对女性劳动力的需求，她们的经济乃至政治解放进程可能会加快。③在 20 世纪 50 年代的胶东渔村，女性通过劳动改变着自身的社会角色：她们在“男女同工同酬”的原则下投入生产，领取工资，摆脱了家庭经济的依附关系。与之相应的是妇女政治地位的变化，很多“女强人”成为基层村社的管理者。

小 结

从目送丈夫远航的渔家女，到登船出海劳动的女社员，胶东渔村的妇女经历着前所未有的角色转变。在这片不起眼的渔场上，资源、技术和政策等要素共同搭建了一个广阔的舞台。

---

① 山东省乳山市党史市志办公室编：《中共乳山党史大事记（1949—1992）》，齐鲁书社 1994 年版，第 46 页。

② 《关于民主建社的经验总结》（1954 年），乳山市档案馆藏，档案号：59-55。

③ Sandra Lin Marburg, “Women and Environment: Subsistence Paradigms, 1850-1950”, *Enviromental Review* 8（Spring 1984）: 7-22.

翻开有关新中国农村妇女的著作，1951 年颁布的《土地改革法令》往往被视为一个拐点。该法令将 1.17 亿亩土地不分性别地转交给农民耕种，因此西方人称其为一场激进的“性别革命”。[①]然而农村的生产方式千差万别，正如高世瑜评论的那样，这种差异造成了妇女生存状态的多元化[②]。与种植业中暴风骤雨般的改革相比，渔村妇女的角色转变过程更加温和。如果说 20 世纪 50 年代的新法令产生了急变效应，那也是建立在长期的累积或者渐变之上的：渔业资源的产量随着环境变化而波动，捕捞技术的发展带有继承性，而新中国成立后的合作化浪潮也是解放区的互助化改革的延续。

具体地说，自 19 世纪晚期以来，产量变动冲击着以鲱鱼等资源为纽带的渔业分工体系；技术发展增加了两性劳动场所的隔离，男性逐渐丧失了在合作分工中的支配地位；国民政府的法令以及解放区的互助化改革，都提高了女性的社会地位，但没有完全解决渔村妇女的劳动困境。新中国成立初期，合作化运动加速了男性渔民转向职业化的进程，妇女握住镰刀、扛起锄头，从春耕忙碌到夏收。高级渔业社建立后，女社员广泛地参与副业劳动，投入近海捕捞。辛勤劳动让妇女获得了经济独立，由家庭走向社会。考虑到“女强人”的政治诉求，新中国政府还将她们列为基层村社的管理者。

最后需要解释的是，为什么我们借鉴西方的生态女性主义理论，却摒弃这一理论的两性对立？以历史的眼光来看，欧美学者将自然歧视与性别歧视联系起来，除了逻辑上的相似性，恐怕也带有某种时间上的巧合性——毕竟，机械论哲学的诞生几乎同时宣告了西方人对自然和女性

---

① Rosalind Rosenberg, “The ‘Woman Question’,” in *The Columbia History of the 20th Century* (New York: Columbia University Press, 1998) , pp.53–80.

② 高世瑜:《关于妇女史研究的几点思考》,《历史研究》2002 年第 6 期，第 145 页。

的双重支配。[①] 可是在大洋彼岸的中国渔村，男女两性却在资源、技术以及政策的共同推动下走向协作。开发自然的征程，不会理所当然地伴随着性别压迫。

这些事实提醒当代人关注种植业者之外的女性群体——她们的过去、现在和未来，或许并非由纯粹的政治力量所决定，自然与社会变化都将产生重要的影响。借鉴西方理论是一种有益的尝试，但必须结合中国自身的历史轨迹，重新探讨各要素之间的有机联系。如果将妇女的角色转变融入一个广阔的、由资源、技术与政策构成的“大舞台”内考察，我们就开启了一扇窥视女性境遇和发展的窗户。

---

① Carolyn Merchant, *The Death of Nature: Women, Ecology and the Scientific Revolution* (New York: Harper & Row, 1980) .

结　语

半个多世纪前，蕾切尔·卡森（Rachel Carson）在她的日记本里写道："世界万物都彼此交融着，这句话即使放到广阔而神秘的海洋中也是真理。"20 世纪中期，随着"耕海牧渔"浪潮的来临，胶东渔民告别了以木帆船、铁钓钩和麻布网猎取生物的时代，建立起高效、有序以及可控的现代渔业模式。正如绪论中提到的那样，这种转型不仅是技术工具变革的产物，同时也是生态与社会的交融方式的转折点。

为了揭示"生态—社会"交融方式的新变化，本书力图将 20 世纪 50 年代的渔业转型写入一部环境史。我们将回顾各章的基本内容和观点，然后表达对资源变动和渔业危机的看法——包括"丰歉"概念的历史演变，以及当代人在乐观与担忧之间应该何去何从。

一、基本内容和观点回顾

利用现有的档案等资料，本书考察了 20 世纪中期胶东沿海的渔业争端、开发效应、自然灾害、资源保护、政治改革和社会性别的变化。与此同时，本书借鉴国际海洋环境史的视野，回应中西方学者共同关注的问题，在以往研究经验的基础上提出某些本土化的思考。

（一）资源争端的历史延续性

以麦克伊沃为代表的西方学者围绕渔场上的“公地悲剧”争论不休，其论战核心是短期和局部的生态恶化。本书的第二章借鉴“海上公地”思维，考察明清以来黄海上的渔业争端。这种考察不再拘泥于一段特殊时期（例如民国时期）和一片弹丸之地（例如舟山渔场），而是旨在揭示一种漫长而复杂的历史变动。

明清之际，使用浅海渔具的中国人远赴朝鲜近海捕鱼，这种现象当然无法同殖民体系下的生态灾难相提并论。随着宗主国沦为半殖民地国家，中国渔民的活动范围缩回到黄海西部。利用国际海洋法的漏洞，掌握先进技术的日本船队在中距离海域酷渔滥捕，加剧了以近海捕捞为主的中国渔业的崩溃。公地争端由固定的渔场逐渐转向流动的资源，其结果是真鲷和黄花鱼等资源的衰竭。“二战”结束后，中国渔民向远海渔场开拓，日本船队同样摆脱了限制性的渔业条例，双方在一个共同享有开发权限的海域捕鱼。东亚各国采取两条密切联系而又并行不悖的途径——即军事护渔和技术竞争——暂时搁置了主权争议，将公海渔场纳入合作开发的体系之下。遗憾的是，这种以牺牲环境为代价的合作加速了资源危机的到来。与欧美国家的“海上公地”案例不同，黄海的渔业争端带有长时段和跨区域的历史延续性——它涉及公地的位置、范围和性质的演变，资源波动、国力博弈与技术发展的影响，以及各类社会群体对渔业争端的回应。

（二）资源开发的方式和效应

提及渔业资源开发，很多学者似乎陷入了一个雷同的研究模式，即热衷于记录某种资源从开发到崩溃的过程。“环境史可以简单地称作人类与栖息地的关系史，但不能简化为破坏史，环境史具有更丰富、更值得研究的课题与内容。走出‘开发—破坏’的怪圈，既是环境史研究的内在超越之路，也为人类未来增添希望。”[①] 本书的第三章试图摆脱“开发—破坏”的思维定式，从社会经济维度考察20世纪50年代荣成地区捕鲨业的发展状况。

捕鲨业曾经是一种边缘化的生产活动。新中国成立初期，随着几家国营鱼肝油公司的创办以及鲨鱼皮制革实验的成功，工业部门对鲨鱼的需求量迅速增长。从1951年开始，作为重要原料产地之一的荣成县决定开展捕鲨计划。渔业机构评估了捕鲨业的生物属性、产量波动和渔业成本等资源禀赋要素，并通过合理的政策对资本和流通环节作出引导或干预。几年后，捕鲨活动成为稳定的收入来源，冲击着半渔半农的传统生产方式。农业渔民在夏季登船出海，把贫瘠土地上的小麦和番薯交给妇女；而职业渔民重新定位了夏季渔业的对象和工具，从利益相对较低的鳐钓渔业转向捕鲨业。总之，我们揭示了开发过程中的资源禀赋与政策导向，同时关注成功的资源开发如何影响着社会成员的谋生方式和职业结构。

（三）自然灾害与社会重构

当开发者的步履同传统生产模式之外的自然环境相碰撞时，他们可能遭遇前所未有的灾害挑战。学者们已经考察过海洋风暴的起源、各个承灾体的受灾强度、不同社会群体的灾害观以及人类如何在废墟上重建家园等，这些研究侧重于描述风灾的破坏属性。而本书的第四章借鉴经济学家熊彼得（Joseph Alois Schumpeter）的“创造性破坏”理论，探讨海洋风暴与社会发展的因果联系及其对社会建构的影响力。

20世纪以前，落后的技术工具和季节性的休渔习惯让渔民避开了很多恶劣的天气，人类与海洋风暴遵循着彼此约定的时空禁区。新中国成立初期，随着机帆船的应用、捕鲨业的兴起和冬季渔业计划的实施，人

① 钞晓鸿：《环境与社会丛书·代总序》，鲁西奇、林昌丈：《汉中三堰：明清时期汉中地区的堰渠水利与社会变迁》，中华书局2011年版。

类向那些曾经被认为不适于从事生产的地域和季节索要产量，这种时空扩张增加了台风和寒潮的威胁。当风暴降临之际，刚刚迈出传统生产模式的政府渔业管理者和渔民几乎没有现成的经验可循，但他们很快就找到了同大自然抗争的方式——包括建立预警体系和普及气象常识，通过政府管理和公众经验相结合的模式应对灾情。胶东渔民搏击风暴的故事提醒人们：灾害源于特定的时代、背景和人群之中，受到技术与政策等现实因素的影响；与此同时，灾害迫使征服自然的人类做出某些适应性改变，从而创造了社会观念和行为模式重构的契机。

（四）政府权力与资源保护

早期的环境史学家侧重于建构以破坏为主题的资源保护模式，将保护政策与破坏事件联系起来。这些囿于“衰败论”的研究受到当代学者的批评，因为环境史研究“并不以环境是否出现问题为指归”。[①] 在本书的第五章里，我们探讨了一种与破坏不同的、由政府权力主导的资源保护。

新中国成立初期，胶东地区的渔业机构颁布了大量的资源保护政策，其实质是权力的所有者为达到某种目的而设法限制其他人的开发活动，从而造成资源开发利用不足的问题。例如，管理者为保护海参采取设置禁捕期、限制规格和划定保护区等办法，其目标在于把海参保留到价值更高的季节、截断非法的海参交易链条以及维护官方对高产参场的垄断。尽管如此，保护政策很少涉及产量与技术限制，因为管理者们不希望捕参活动陷入停滞。在 20 世纪 50 年代的中国渔场上，具有高度规范性的政府权力往往会催生出特定的资源保护政策，这些政策与生态破坏的关系不大，其背后隐藏着一种政治秩序和利益体系。当然，此类现象应该

① 钞晓鸿：《深化环境史研究刍议》，《历史研究》2013 年第 3 期，第 6 页。

受到“环境正义”的拷问：为什么普通公民无法掌控关键性的自然资源，而政府的“利己”决策却造成了资源开发与利用权限的不平等？

（五）资源与政治改革

农业合作化往往被视为一场政治运动，学者们多关注其意识形态方面的属性。本书第六章以胶东沿海的渔业合作化进程为中心，阐释互助化在应对环境与资源挑战方面的意义。

20世纪50年代初，胶东渔民的组织形式主要是初级合作社，这种组织形式对环境与资源变动的适应性比较薄弱：首先，它的产业结构和集资模式有利于发展传统渔业，可是当定置网等近海渔具发展过度膨胀时，生产者群体可能会为争夺渔场而产生纠纷，影响到原本和睦的村社关系；其次，初级渔业社的经营模式与分配原则存在冲突，在产量匮乏的时期，集体与个人之间的抢购战影响了合作社内部关系的稳定性。这些冲突与意识形态因素相联系，共同构成了一种推动渔业合作化进程的合力。

（六）环境与性别

传统的妇女史学家将种植业上的土地改革视为妇女解放的拐点。本书第七章追溯了近代至新中国成立初期胶东渔村妇女的角色转变。与以往的研究范式不同，我们承认国家政策的力量，同时也注重揭示资源和技术要素的影响。这种方法源自西方的生态女性主义，但主旨却反其道而行之，致力于展现自然、文化与性别之间的和谐交融。

自19世纪晚期以来，随着生物资源的变动和捕捞技术的发展，胶东渔村的妇女摆脱了男性主导的渔业分工体系。合作化运动初期，在男性渔民转向职业化的过程中，妇女替代他们完成了从春耕到夏收的种植业劳动。高级渔业社建立后，男人被推向远海渔场，将副业和近海渔业交托给女社员。通过辛勤的劳动，渔村妇女迈向经济独立与政治平等。这一过程挑战着以种植业为核心的妇女史叙事模式。如果说生态女性主义者把性别隔阂比喻成自然与文化的对立，那么我们从胶东渔场上找到了反例：20 世纪以前，当渔村妇女在传统渔业中从事腌渍加工时，其劳动自由和经济来源为男性所掌控。那时的男性之于女性和文化之于自然之间，确实存在某种支配与被支配的特征。可是当代的渔村妇女却站在与男性平等的立场上共同开发自然，这一过程并没有伴随着性别压迫。通过自身的历史轨迹，我们可以重新定义自然、文化与性别之间的联系。

诚然，建构完整的理论体系需要数量庞大的、具有深远时空跨度的史料。本书对 20 世纪 50 年代胶东渔场的资源、环境、技术与政策等要素的考察，或许仅仅适用于特定的时段、地域和生产部门。受到篇幅所限，本书对某些要素的论述也只是浮光掠影。尽管如此，对于任何环境史学家而言，案例研究都提供了一种必不可少的、揭示生态与社会的复杂交融的证据。如果 20 世纪 50 年代的胶东渔场能够展现某些新的视角和方法，那么这样的案例研究就或多或少地具有价值。希望本书能够成为中国海洋环境史研究的一部分，为其他渔场的案例分析乃至渔场之外更广阔的环境史领域提供有益的借鉴。

二、丰歉的尺度：关于渔业期望值变化和可持续发展理念的思考

环境史学家往往对“丰歉”二字情有独钟，它巧妙而宽泛地表达了富足与贫困、温饱与饥馑，以及人类对资源开发活动的满足与失望。研究海洋环境史的学者也不例外，就像《海有丰歉》评论的那样，明清时期的中国海洋生态系统没有受到人为因素的过多干扰，几乎处于原始状态，它提供了一个在纯自然变化中观测海洋生态系统的绝佳案例。晚清以来，人类与自然因素共同影响着海洋生态系统，它又成为理解自然和

人类各自扮演角色的实验场。[①]

在海洋环境史领域，“丰歉”带有客观和主观双重色彩。所有的海洋生态群落，都会建立属于自身的食物和能量循环，群落成员之间通过索饵活动形成合作或竞争，但这种关系并不稳定。在某个群落的动力平衡形成以前，其优势生物可能会发生波动；即使在已取得动力平衡的群落里，物种之间的联系也不会一成不变。[②]所以，渔场只是一种概率性的鱼群集中水域，难免随着水温、盐度或洋流的变化而移动。这本属自然界的常态，可是当它影响到人类生产需求时，就会被视为一种“非正常”现象。从海洋里获取初级产品的渔民，尽管在劳动对象、场所以及工具的选择上有所差异，对影响其获得资源的数量或途径的环境变化都表现出敏感性。鱼类作为渔民的食物与收入来源，其地位与谷物之于农民以及牲畜之于牧人类似，而渔具则替代了犁头和牧鞭的功能。鱼类的种群数量、分布区域和洄游路线的变动——也就是所谓的“丰歉”，构成了渔业活动中的不确定因素。

人类自海洋中获取资源的丰与歉，也许难以量化，但并非不能被理解。在由自给性生产转向商品化捕捞的历史上，渔业活动的“丰歉”尺度是如何变化的？这种变化对今天的可持续发展理念，又有怎样的启迪？面对悲观者与乐观者之间的论战，环境史学家应该秉持什么态度？

（一）自给性渔业的“丰歉”：社会成员的温饱需求

遍布中国沿海的贝丘遗址表明，史前时代的先民已经开始向海洋索要食物了。[③]那时渔猎经济占据主导地位，生产者的目标仅仅是拾取满足

① 李玉尚：《海有丰歉：黄渤海的鱼类与环境变迁（1368—1958）》，上海交通大学出版社 2011 年版，第 402 页。

② Tony J. Pitcher and Paul J. B. Hart, *Fisheries ecology*（London: Croom Helm, 1982）, p.344.

③ 中国社会科学院考古研究所：《胶东半岛贝丘遗址环境考古》，社会科学文献出版社 2007 年版，第 65 页。

生活所需的贝类。诚然，新石器时代的遗址中出土了带刺钩的骨制鱼叉，但这些遗址往往深居内陆，可以推测人们更多地使用工具叉取淡水中的游鱼。海洋渔业的发端比淡水渔业要晚，从渔具渔法上说，钓钩、流网和定置网登场较早，后来才慢慢出现了围网和拖网，人们不再张网待鱼自投，而是主动乘坐舟楫持网到海中追捕鱼。

历史上的渔业，曾多次扮演了人类社会形成与发展的关键角色。比如在 16 至 18 世纪，胶东沿海发生过一场“赶鲱鱼”的热潮。[①] 民俗学家单丕良赴山东沿海调研时，记下了当地人的口述：在明末清初的小冰期里，黄、渤海成为鲱鱼产卵场。人们把长竹竿插进海里，耳朵贴在竹竿上，辨别是否有鱼撞杆。如果有足够多的鲱鱼群接触到这些竹竿，就会发出极其嘈杂的响声，这时下网捕鱼即可保证丰收。[②] 于是，现代胶东渔民的祖辈纷纷向海岸线迁徙，建立起新的聚居地。在这场持续数百年的移民运动中，鲱鱼挽救了成千上万挣扎在饥饿线上的生命。

不可否认，古人从事过商品化形式的海洋渔业。至迟在清代，南海渔场已经得到高度开发，渔船不得不驶入远海以缓解水面产权纠纷。[③] 由于奢靡风气的影响，寻常百姓家庭也开始购买昔日皇族贵胄享用的珍稀食材。[④] 随着奢侈品消费的盛行，商人们成功地将市场与渔场联系起来。渔民前往南沙群岛乃至东南亚国家沿海，向海洋更远处索要奇珍异宝。同样地，在嘉道年间的黄、渤海渔场，真鲷和鲅鱼的商业捕捞已经出现。

---

① 李玉尚、陈亮：《清代黄渤海鲱鱼资源数量的变动——兼论气候变迁与海洋渔业的关系》，《中国农史》2007 年第 1 期，第 24—32 页。

② 单丕良：《山东传统海洋渔业生产习俗》，《海洋文化研究》，海洋出版社 2000 年版，第 91 页。

③ 杨培娜：《清朝海洋管理之一环——东南沿海渔业课税规制的演变》，《中山大学学报（社会科学版）》2015 年第 3 期，第 139—150 页。

④ 王涛：《明清以来南海主要渔场的开发》，上海交通大学 2014 年博士学位论文，第 1 页。

渔民剖出鲅鱼籽略加腌渍，然后销往外地市场获取厚利。[①] 而莱州湾的真鲷渔汛，甚至可以与农业上的秋收相提并论。[②] 很多商户用冰船装载真鲷，打着“大头鱼”的名号，以高昂的价格贩卖到京津地区。[③] 当然，满足食物自给仍然是渔业的首要目标。

从 19 世纪晚期开始，传统渔业活动受到机械动力与近代工业的冲击。20 世纪 20 年代，烟台渔业公司从国外买进几艘新式渔轮。[④] 没过多久，国产的机帆船也出现于海面上。1927 年，第一瓶国产鱼肝油在上海问世，渔民开始为医药行业提供生产资料。近代中国发展渔业的目标，除了对抗外国侵渔，也不外乎更大限度地获取海洋渔业资源。

穆盛博对舟山渔场的研究提供了一个范例：19 世纪末至 20 世纪初，中国渔民在距离陆地较近的岛屿附近捕捞大黄鱼，而位于嵊泗群岛最北端的远海渔场只有 310 艘渔船。那时中国渔民主要使用密目的定置网捕捞大黄鱼，虽然渔具看似原始，但它可以不加选择地把未成熟的稚鱼和鱼卵全部纳入网囊。当成鱼长度不足时，稚鱼的比重就大为增加。渔民把稚鱼晒干，作为肥料卖给浙江南部及附近省份的农民。这种肥料非常廉价，捕鱼者只能依靠更具破坏力的密目网和更频繁的海上作业来提高经济收益。随着捕捞努力量的增加，近海渔场的大黄鱼渔获量持续减少，渔民不得不冒险前往更远的海域从事生产活动。1917 年左右，有人在长江口外的海域发现了数量丰富的小黄鱼种群。数年后，这片渔场逐渐开放，以往未曾开发的渔业资源吸引了更多渔船聚集于长江口。当渔场向东北转移时，捕鱼者也随之挺进远海。到了 20 世纪 30 年代中期，有

① 民国《牟平县志》卷一《地理志·物产》，第 37 页 b。
② 道光《招远县志》卷三《物产》，第 3 页 b。
③ 民国《文登县志》卷十三《土产》，第 6 页 b。
④ 李士豪、屈若搴：《中国渔业史》，商务印书馆 1937 年版，第 158 页。

1800 多艘渔船在远海捕鱼，一些渔船甚至开到远离舟山群岛的水域。[①] 正如穆盛博评论的那样，资源枯竭加剧了中国渔民的生存压力，迫使他们去往更遥远的海域开辟新渔场。[②]

捕鲨业的发展也与之相似。古代中国渔民已经有能力将一些小型鲨鱼捕上甲板，医学家、炼丹师和手工匠人也发现了鲨鱼的药用及装饰价值，不过人们对这种肉质粗糙的软骨鱼兴趣不大。19 世纪，鲨鱼肝油被欧洲人广泛用来治疗维生素缺乏症，当时中国渔民还在用它照明或者油漆渔船。[③]20 世纪前期，当医学家们将鱼肝油的提取物维生素 A、D 与夜盲症和佝偻病的治疗相联系时，使用进口的德国拜耳和英国司各脱鱼肝油已经成为富人在医疗机构里享受的特权，国内的实业家们还没有能力进行生产。1924 年，中国科学家指出含油量 67% 的双髻鲨肝脏可以制造鱼肝油，[④] 这一设想只用了三年时间就从纸上走进工厂。1927 年，第一瓶国产鱼肝油在上海信谊药厂问世，它的业主项松茂主要经营药皂和甘油生意，并且通过生产鱼肝油药品发了财。[⑤] 在摆脱德国股份的控制后，信谊药厂尝试采用民间生产的鱼肝油替代外来产品，1942 年，药厂检验了一位福建人提炼的白鲨和双髻鲨鱼肝油标本，并全部收购了合格的鱼肝油成品。[⑥] 在战时，鱼肝油被提供给士兵和学生，但不是每位在慈善机构登记的人都能够得到这种紧缺药品。[⑦] 对食物供给意义甚微的鲨鱼，居

---

① Micah Muscolino, “The Yellow Croaker War: Fishery Disputes between China and Japan, 1925–1935,” *Environmental History* 13 (April 2008) : 305–324.

② 穆盛博：《近代中国的渔业战争和环境变化》，胡文亮译，江苏人民出版社 2015 年版，第 73 页。

③ 民国《胶澳志》卷五《食货志·渔业》，第 34 页 a。

④ 沈佐明：《鱼肝油制造之理论及其实际》，《中国医药月刊》1924 年第 7 期，第 53 页。

⑤ 《五洲麦精鱼肝油》，《商业杂志》1926 年第 4 期，第 2 页。

⑥ 福鼎县地方志编纂委员会编：《福鼎县志》，中国统计出版社 1995 年版，第 847 页。

⑦ 《各地分署简讯》，《鲁青善救旬刊》1946 年第 22 期，第 12 页。

然变成了紧俏的医药原料，渔民开始向外延伸作业海域，因为鲨鱼的栖息海域距离岸边很远。此外，还有很多浅海沙滩里难以获取的生物和矿物，在远海渔场却储量颇丰，它们成为应对近海鱼类枯竭和社会需求变动的资源储备。

当然，在衡量资源需求时，我们必须考虑产量和结构要素。民国时期，中国水产品的进出口处于入超状态，主要的供应商是日本。在民族实业家看来，这种状况源于捕捞技术落后。“一战”结束后，北洋政府就敦促发展新式渔业。[①]黄海北部渔场的手操网渔业和江浙渔场的渔轮业，也一度增长迅猛，可见问题并非全然出在技术上。20世纪30年代中期，美国记者约翰·奥查（John Orchar）进行过一次调查，认为中国基本没有商品化渔业，记者本人将其归咎于市场狭窄。[②]而这种看法也不尽正确，因为在上海等大城市里，水产品市场并没有萎缩，中国水产品的销售量远远超过日本。如果稍加留意，就会发现水产品匮乏主要源于结构性短缺。日本船队捕捞的鱼类大都是市场上的紧俏货。20年代初，日本流网船在沙子口渔场集中放网，拦截洄游的鲅鱼群和鲐鱼群，“所获倍于国人”，完全挤占了这两种渔获物的市场份额。[③]中国渔民捕捞的黄花鱼和鳓鱼，市场需求并不太大。1934年青岛的鳓鱼取得丰收，由于市场饱和、鱼价下跌，又缺乏腌渍用盐，渔民只能将鱼倒回海里以维持市价，造成增产减收的困境。[④]

总之，在以自给性为主要目标的渔业阶段，鱼肉从日常食物逐渐上

---

① 《北京电农渔牧司调查南北洋渔业出产及定海、烟台渔业传习所成绩，预备扩张中国领海渔业》，《申报》1919年12月1日，第6版。

② John E. Orchard. “Contrasts in the Progress of Industrialization in China and Japan”, *Political Science Quarterly* 52 (March 1937): 18–50.

③ 民国《胶澳志》卷五《食货志·渔业》，第34页a。

④ 青岛市地方史志编纂委员会：《青岛市志》卷39《水产志》，方志出版社2011年版，第547页。

升为重要的收入来源，可是人们对渔业的期望值增长缓慢，同时也缺乏足够的干预环境变化的能力。大多数渔村仍然遵循着半渔半农的生产模式，那些具有双重身份的“农业渔民”，往往更关注农田里的小麦与番薯，而不是“时多时少，不可为常”的鱼群。19世纪晚期以来，新的资源开发与利用模式主要反映了那些掌控着先进工厂和机械的资本家的意愿，而普通渔民对这种由富人主导的开发秩序仍然抱有敌意，他们甚至将鱼群的自然变动归咎于汽船等现代工具的使用。[①] 更何况，在20世纪前半叶的战乱中，中国渔业大幅度倒退，以渔获物为原料的工业部门也陷入了停滞。

（二）商品化捕捞的“丰歉”：持续上升的期望值

20世纪50年代以后，人民政府在青岛、烟台等城市盖起密集的厂房。国营工厂的创办与私营企业的国有化改造相结合，将整个国家推入工业化的轨道。水产公司对具有特殊用途的渔业产品实施统购，1956年竣工的蓝烟铁路让这些工业原料的运输变得更加方便。[②] 人民政府在青岛、海阳等处成立造船厂，向渔民推广新式机帆船。[③] 为了保障海上安全和预报海洋气象，半导体收音机也普及开来。50年代中期，塑胶浮标、尼龙绳和育苗器从现代工厂的生产线上走出，波尔多液、氧化铜溶液等新药品也被用来改造浅海的水体环境，这些耐腐蚀工具和消毒药品为海带和蚶类养殖业的发展提供了可能。当人们把鲨鱼肝放进萃取机、给帆船装置燃气马达、用堤坝围造出养殖场的时候，渔业生产与社会的财富、健康和福祉之间建立了前所未有的联系。

对新中国成立初期的中国渔民而言，渔业合作化是最重要的社会改

---

① 民国《文登县志》卷十三《土产》，第6页b。

② 大公报社人民手册编辑委员会：《1957人民手册》，大公报社1957年版，第528页。

③ 《为请示建造机帆船由》（1951年），海阳市档案馆藏，档案号：56-1。

革之一，它旨在提高渔村的专业化程度。比如 1951 年，胶东沿海大规模地推行互助化改革。农民将犁耙投入互助组，而渔民也纷纷交出渔船和网具，换取小公有制家庭里的一部分股份。每个家庭的成员都在不断增多，到高级社阶段，胶东沿海诞生了 20 多个专业化的、超过 300 户的大型渔业社。与此同时，工业发展刺激了荣成等地区的捕鲨业，农业渔民在夏季放下锄头登上渔船，职业渔民的数量迅速增长，这些地区种植业和渔业也呈现出此消彼长的态势。①

由于合作化初期产业结构和集资模式的分散性，低成本的定置渔具迅速膨胀，近海渔场很快变得拥挤不堪。为了缓解压力，中国渔民被广泛发动实施联合捕捞。村社的各个生产队之间建立了紧密的联系，一旦发现新渔场，合作社的渔船就会迅速集结。当然，如果非要追根溯源，民国时期的风网渔业就是联合捕捞的前身。用风网捕鱼需要上百艘渔船合力拉拽，才能包围鱼群和起网收缔。从规模上判断，新中国成立初期的联合捕捞并没有比以往扩大，但是采用了更先进的侦查手段和通讯方式，所以效率显著提高。

面对传统渔业资源的枯竭，人们通过转变生产对象和征服远海渔场，从而不断推迟着产量极限的到来。20 世纪前期风网渔业大行其道，这种构造简单的原始围网维持了近半个世纪的统治地位，到新中国成立初期，随着小黄鱼的产量下滑而被放弃了。幸运的是，作为传统鱼类和近海鱼类减产的补偿，鲐鱼和带鱼的渔获量持续攀升。随着工业化进程的加快，特别是鱼肝油萃取技术的问世，鲨鱼、孔鳐以及东方鲀等杂鱼成为渔民的新宠。②

① 《为大力开展捕鲨渔业生产由》（1954 年），荣成市档案馆藏，档案号：16-99。

② 《山东省水产局长逯子玉同志在全省加速渔业机械化和对日渔业斗争会议上的总结发言提纲》（1957 年），烟台市档案馆藏，档案号：0012-002-797。

养殖业的发展让人为掌控海洋资源的生长过程变成了可能。早在 20 世纪 30 年代，水产学家就在青岛进行过规模有限的水产品养殖试验，但这项技术没来得及在战时发挥作用。新中国成立以后，政府在沿海划定专门的海带养殖区，蚶类的围塘养殖也逐渐推广开来。在最近的 30 年里，随着对虾、贻贝和海参等养殖技术的发展，这些美味珍馐也被摆上了普通家庭的餐桌。

然而不容忽略的是，正如人们愉快地回顾应对生态挑战的成功案例一样，他们也必须承认渔民不可能无休止地向海洋索要产量。对特定的海域而言，物种的多样性和承载量都存在理论上的极限值。如果渔民增加某种生物的捕捞强度，渔获量往往会迅速增长继而衰退，随后其他资源也将重蹈覆辙，这种多米诺骨牌式的生态崩溃效应已经发生在很多渔场上。一个典型例子发生在 20 世纪 50 年代的山东渔场：密目张网的使用造成那里的对虾、毛虾、鹰爪虾和糠虾等资源相继告急。[①]

从经济价值上判断，鱼虾的生长期缩短会影响渔民的收益。光绪年间的黄海带鱼有三四尺长（合 96 至 128 厘米），而 20 世纪 60 年代这片海域只剩下 30 厘米左右的个体了，市场价格也一落千丈。[②] 除此之外，次级鱼类很难完全替代主要经济鱼类的需求量。按照生态学的基本原理，位于食物链底层的鱼类能够把更多的能量转变为动物组织，捕捞小型鱼类可以部分地替代大型鱼类，这是一项诱人的渔业计划。而事实上，鳀鱼和玉筋鱼等小型鱼类长期得不到充分开发，这些“鱼饵”并不是人们感兴趣的食物形式。

可供开辟的远海渔场毕竟是有限的。在“赶鲅鱼”等传统的迁徙性

---

① 《1955 年伏秋生产情况报告》（1955 年），海阳市档案馆藏，档案号：56–3。

② 李玉尚：《海有丰歉：黄渤海的鱼类与环境变迁（1368—1958）》，上海交通大学出版社 2011 年版，第 154—156 页。

渔业中，渔民能够从资源贫瘠的海域灵活地转向其他地方。而放到国家领土主权和海洋权益日渐明晰的当代，这样做就行不通了。北太平洋阿拉斯加渔场是法律意义上的公海，中国水产公司的船队每年都会到那里捕鱼。近20年来，其他国家的船队也纷纷介入，阿拉斯加的鱿鱼和鳕鱼渔业早已今非昔比。养殖业同样遭遇了瓶颈，虽然胶东沿海的养殖业者把对虾换成了经济价值更高的海参，养殖池本身的面积却变化不大，这意味着收益很难再继续增长。更何况目前还不可能模拟出所有海洋生物的栖息场所，特别是小黄鱼、鲱鱼和鲨鱼等长距离洄游鱼群，仍然无法在纯粹的“人造环境”里繁衍生息。

渔民很难建立像种植业那样高效而有序的生产模式，渔业管理者当然深知这一点。当农民把植物的种子或块茎埋进泥土里时，就已经决定了未来的劳动场所和资源类型。等谷物成熟后，把收割机开进农田就能够获取资源。大航海时代的水手们把海洋描绘成一个布满资源、等待人类征服的挂毯，而当代的经验已经表明，想要合理地预测和掌控海洋生物的生长过程并非易事：渔获量除了取决于渔场上的技术革命，也受到鱼群密度和分布位置变化的制约。

商品化渔业时代，自然资源的随机性同社会需求的预见性之间，确实存在难以消除的冲突。一旦渔民购买了麻绳和钓钩等捕鲨工具，就会被束缚在特定的资源类型上，因为钓鱼业的生产资料很难转向其他渔业部门；机帆船的应用确立了新的渔业资源采集形式，人们期望每次撒网都能获得稳定的产量，这种采集依赖于理想的渔场位置和种群密度；养殖场的修建、维护及管理都会消耗高昂的成本，人们需要得到比公共渔场更高的产量作为补偿。在这种情况下，渔民不可能以原有的方式看待其赖以谋生的环境和产业——他们对渔获量的期望值不断增加，同时对生态环境表现出高度的敏感性。

（三）“可持续发展”：谨慎而乐观地看待渔业极限

前文已经提及，在自给性生产转向商品化捕捞的过程中，渔业的“丰歉”概念被不断修正着。传统时代的渔民，对自然怀有与生俱来的敬畏，他们依赖简陋的渔具谋生，其地位更倾向于自然界的资源采集者。而当代社会赋予渔业一种前所未有的生产目标——人们希望把海洋建设成一个可控的资源库，并且越来越相信科学计算。决策者的开发方案是否实现，以及开发者的经济收益是否可观，都象征着人类管理资源库的成败。就像先民将“歉收”定义为饥馑与贫穷那样，当代人也采用这一词汇来描述产量不能满足社会期望的困境，甚至将其引申为对复杂多变的海洋生态系统的指责和抱怨。如果把历史比喻为一段标尺，那么“丰歉”就是一个沿着刻度值不断地向上滑动的游码。

就像渔业丰歉的动态变化一样，“可持续发展”的理念自身也处在发展之中。每一代人都需要评估他们的资源量和社会需求，进而有意识地了解这些资源的演变过程。传统社会的儒士们经常思考人类与自然的和谐统一关系，提出具体的资源保护措施和主张。① 自 1980 年《世界自然资源保护大纲》倡导“可持续发展”以来，这一理念已然风靡全球。

谈论可持续发展，既不能脱离经济范畴，又不能脱离环境范畴。众所周知，所谓的“环境”，本身就有其语境、已有基础和预设前提。②“当人们谈到环境时，均有一个不言自明或需说明的特定主体，脱离主体的环境是不存在的。主体不同，则环境的内涵与外延有所不同，这也反映在不同的学科之中。”③ 一方面，在考察整体性的社会行为时，我们往往将环境界定为狭隘的自然生态系统。另一方面，在探讨政治改革、经济

---

① 陈业新：《儒家生态意识与中国古代环境保护研究》，上海交通大学出版社 2012 年版。

② 钞晓鸿：《环境史：学科交融与侧重》，《读书》2011 年第 11 期，第 25—31 页。

③ 钞晓鸿：《深化环境史研究刍议》，《历史研究》2013 年第 3 期，第 4—12 页。

发展和资源保护等话题时，自然、资源、技术、政策和文化之间构成了彼此交融和影响的“大环境”。渔业的可持续发展，也应该放在一个融合了自然与人文的宏观环境里考察。

曾经有很多人相信，渔业危机的主要原因是资源管理模式的成熟性欠佳。麦克伊沃就坚定地支持这一观点：他希望通过新的立法和管理消除渔民的资源、环境和经济困境，甚至试图唤醒人类“关爱世界万物的天赋和责任”，以保障渔业的可持续发展。[①]

麦克伊沃的基本看法，同那个时代的大部分学者并无二致。20 世纪 60 年代以来，为了合理有效地管理渔业，西方科学家设计过一系列生态模型，其中最著名的莫过于柯雷登（Clayden）的“最高持续渔获量”、詹姆斯·安德森（James Acheson）的“食物供应—竞争”以及罗伯特·梅（Robert May）的“未来一千年”等模式。但是这些模型具有多大的普适性呢？1995 年，丹尼尔·波利（Daniel Pauly）在《渔业中的常态与反常态》（*Anecdotes and the Shifting Baselines Syndrome of Fisheries*）里指出，很多渔业学家都患上了“历史盲”的毛病，认为在科学的观测纪录诞生前，海洋生物的状态跟现在毫无差别。当代科学家建构的“稳定模型”，其数据往往来自上一代科学家留下的观测记录，此类历史数据会破坏模型本身的平衡性。19 世纪的北海渔场里游弋着金枪鱼、箭鱼和鲟鱼等大型鱼类，而很多现代的生态模型却没有考虑到这些物种。[②]

或许是由于上述原因，真正成功的渔业管理模式并不多见。以“最高持续渔获量”为例，如果不加限制地增加渔捞强度，20 世纪的渔获量

① Arthur McEvoy, *The Fisherman's Problem: Ecology and law in the California Fisheries, 1850–1980*（New York: Cambridge University Press, 1986）, p.257.

② Daniel Pauly, “Anecdotes and the Shifting Baselines Syndrome of Fisheries,” *Trends in Ecology & Evolution* 10（1995）: 430.

早已问鼎这个理论上的数值了。但是，经济上并不值得如此努力——超过繁殖限度开发会降低整个渔场的鱼类富集程度，所以要使渔获量成倍地增加，捕捞主体可能需要成倍地增加捕捞力量。一旦达到某个临界点，再加深这种开发程度时，已经不可能获得与轻度捕捞期完全相同的回报率。随着尚未开辟的渔捞对象和渔捞海域愈益减少，船舶从业已过度捕捞的渔场移往某个更远海域的古典式捕捞模式难以为继，而依靠拓展渔业对象来增加已开辟渔场的潜力终归也有上限。此外，虽然渔业带来一个额外的食物来源分支，让人类摆脱了对陆地动植物的完全依赖，但是海洋肉食来源与其他陆地性来源（特别是从养殖业中获得的肉食）相比，在生产成本和销售价格上，恐怕也缺乏足够的吸引力。

为了达成最高持续渔获量的理论值，并避免因捕捞引起的资源衰减，最好的方法是多捕捞已经丧失繁殖力的成鱼，而不去触动幼鱼。而在实际作业中，人们只能通过适量地捕捞各种大小和年龄的鱼来接近最理想值。改变网目大小可以作为控制捕获物种类、年龄和形态的标尺，这种办法在鱼类种群可以承受适度捕捞时，还是行之有效的。不过在考虑如何测量某一具体网具的网目，以及如何对待不同捕捞者面对的特殊情况时，这些条例就陷入困境了。20 世纪末，当中国颁布渔业法、设置近海休渔期和禁渔期、出台网目限制条例来保护鱼类资源时，很多人对渔业的未来持乐观态度，后来他们却发现濒危海洋资源的名录越来越长。

难怪约瑟夫·泰勒形象地把海洋生态圈及其相关的管理模式比喻成“黑盒子”——一个西方人对看不清的神秘系统的称谓。[①] 泰勒的言外之意是，合理的资源管理模式不仅意味着避免物种危机，维持自然界的健康状态，同时还需要保障生态与社会互动模式的稳定性。

---

① Joseph Taylor Ⅲ, “Knowing the Black Box: Methodological Challenges in Marine Environmental History,” *Environmental History* 18 (January 2013): 60–75.

如果仅仅预测生态系统和经济利益的变化，那么可持续发展依赖于理性而客观的科学估算。然而一旦考虑到人类扩展自身生态位的潜力以及资源影响下的社会问题，全面评价资源管理模式就是一项烦冗的任务了，它的难度远远超过科学家和经济学家所掌握的自然法则与经济规律。为了博取公众的眼球，评论家喜欢以浮躁的口吻谴责当代的渔业危机：他们首先嘲讽资源开发者的无知，随后将制度和政策也作为攻击的靶子。

但事情真有那么糟糕吗？在深入了解历史之后，我们是时候对这些悲观论调说“不”了。就像博尔斯特呼吁的那样，历史学家应该公正地审视人类及其文化，揭示在变幻莫测的海洋环境中，个人的意愿、行为、价值观以及社会机构所扮演的角色。[①] 毕竟，渔场、资源和社会之间的有机联系，代表了人类与海洋最为本质的互动交流方式。海洋环境史研究可以或多或少地回答，人类开发海洋的进程持续了多久，环境、资源和开发方式是如何变化的，以及这些变化带来了怎样的社会效应之类的问题。众所周知，当代人建构的科学模型，主要源于某些短期和局部的管理经验，而面对长时间和跨区域的复杂问题往往有些力不从心。特别是对拥有公共开发权限的洄游性鱼群，各个国家、地区和渔业群体之间应该如何协调利益，以合理方式有序地支配渔业资源，其答案隐藏在生态与社会的复杂交融之中。

容我举个例子：现代渔业的选择性和浪费率，一直饱受指责和诟病。当代渔业学家指出，目前捕捞鲅鱼、鲐鱼的机轮围网渔业以及捕捞鲆鲽类的底拖网渔业，对鱼龄、长度和体重都缺乏选择性，所到之处鱼群往往会被清扫殆尽。远海渔业的问题之一则是浪费率过高，由于渔船的舱位和保鲜能力抵偿不了产量的增加，所以金枪鱼船队经常丢弃一部分廉

---

① W. Jeffrey Bolster, “Opportunities in Marine Environmental History,” *Environmental History* 11 (July 2006) : 567–597.

价渔获物。那么传统渔业中就没有类似的现象吗？答案是否定的。嘉道年间，捕鲱鱼的工具主要是定置网，可见这种网具能不分大小地将鱼群全部兜进网袋里，包括繁殖期的亲鱼和肥育期的稚鱼。民国初期，青岛沿海盛行流刺网渔业，渔民有时只留下价值较高的鲅鱼和小黄鱼，把其他死亡的杂鱼倒回海里。[①]总之，同现代渔业相比，传统渔业在选择性和浪费率上很难说有什么优势。我们对渔业现状和未来当然不能太乐观，可是一味地厚古薄今，未免有些过犹不及了。

18 世纪的哲学家黑格尔赞叹道："大海邀请人类从事征服，从事掠夺。"如果有幸目睹当代的海洋，他的豪言壮语恐怕就要变成深切的担忧和焦虑了。撇开极限论者与非极限论者之间喋喋不休的争吵，对于人类社会发展的"可持续性"，环境史学家也许应该保持谨慎的乐观态度，避免被这些过度乐观或者悲观情绪所感染。21 世纪初，在纽芬兰岛上小住过几个月的博尔斯特，对当地渔民流传已久的一句谚语推崇备至：

> 我们应该在希望中生活，
> 即使我们最后在绝望中死去。[②]

现在我们必须生活在希望之中——努力寻找生态系统的脆弱性与其强大的恢复潜力以及人类社会的危机感与其顽强的调适能力之间的平衡。海洋乃至整个地球的未来，都寄托在这种动态的平衡性之上。

不要整日把头埋在故纸堆里，一味地翻检旧事，那会让人疲倦，让人畏惧，让人在死去的历史里愈行愈远。环境史学家的职责，早已为唐

① 邓尊法：《盐》，商务印书馆 1947 年版，第 86 页。

② W. Jeffrey Bolster, "Opportunities in Marine Environmental History," *Environmental History* 11 (July 2006) : 567–597.

纳德·沃斯特一语道出：

> 我不是先知，我只是一个分析者。我很难预测未来将会发生什么，却能够在头脑中想象到某些改变，而这些改变事实上可能已经发生了……人类面临着新的挑战：在宇宙之中的这个孤独的星球上，如何以一种更加可持续的方式生活下去。[①]

记得保持谨慎的乐观态度——呵护哺育我们血肉之躯的自然万物，同时尊重赋予我们最高智慧的人类社会。一位谨慎而又乐观的环境史学家，既要从历史中寻找有关生态恢复力和人类适应力的证据，给予当代海洋生产者以希望，又要警惕破坏史重演，避免资源危机成为未来全球性生态灾难的前奏。他像是一个在海面上漂泊无定的渔民，虽然时常感到恐惧、错愕与迷茫，却仍然满怀憧憬地劳动着和期待着。

① 根据沃斯特在 2012 年武夷山环境史研究高层论坛（厦门大学人文学院主办）的发言录音整理。

参考文献

一、专著、论文集

[1] 钞晓鸿:《环境与社会丛书·代总序》，鲁西奇、林昌丈:《汉中三堰：明清时期汉中地区的堰渠水利与社会变迁》，中华书局 2011 年版。

[2] 钞晓鸿主编:《环境史研究的理论与实践》，人民出版社 2015 年版。

[3] 陈春声:《“八二风灾”所见之民国初年潮汕侨乡——以樟林为例》，《潮学研究》第 6 辑，汕头大学出版社 1997 年版。

[4] 陈东有:《走向海洋贸易带——近代世界市场互动中的中国东南商人行为》，江西高校出版社 2000 年版。

[5] 陈硕炫、徐斌、谢必震主编:《顺风相送：中琉历史与文化》，海洋出版社 2013 年版。

[6] 陈业新:《儒家生态意识与中国古代环境保护研究》，上海交通大学出版社 2012 年版。

[7] 大公报社人民手册编辑委员会:《1957 人民手册》，大公报社 1957 年版，第 528 页。

[8] 邓尊法:《盐》，商务印书馆 1947 年版。

[9] 复旦大学历史地理研究中心编:《自然灾害与中国社会历史结构》，复旦大学出版社 2001 年版。

[10] 李士豪:《中国海洋渔业的现状及其建设》，商务印书馆 1936 年版。

［11］李玉尚：《海有丰歉：黄渤海的鱼类与环境变迁（1368—1958）》，上海交通大学出版社 2011 年版。

［12］刘利民：《不平等条约与中国近代领水主权问题研究》，湖南人民出版社 2010 年版。

［13］满志敏：《两宋时期海平面上升及其环境影响》，《灾害学》1988 年第 2 期。

［14］潘威：《环境史视野与社会经济史研究——评“Fishing Wars and Environmental Change in Late Imperial and Modern China”》，《历史地理》第 27 辑，上海人民出版社 2013 年版。

［15］曲辰：《祖国的渔业》，财政经济出版社 1956 年版。

［16］欧阳宗书：《海上人家：海洋渔业经济与渔民社会》，江西高校出版社 1998 年版。

［17］山东省水产志编纂委员会：《山东省水产志资料长编》（内部资料），1986 年。

［18］沈同芳：《中国渔业历史》，江浙渔业公司 1911 年。

［19］松浦章主编：《近代东亚海域交流：航运·商业·人物》，博扬文化事业有限公司 2015 年版。

［20］唐大为主编：《中国环境史研究》第 1 辑，中国环境科学出版社 2009 年版。

［21］谭其骧：《长水集》下册，人民出版社 1987 年版。

［22］汤熙勇：《清代中国救助朝鲜难船的方法——以闽台地区为中心》，《清史论丛》（2000 年号），中国广播电视出版社 2001 年版。

［23］汤熙勇主编：《中国海洋发展史论文集》第 7 辑，（台北）“中研院”中山人文社会科学研究所，1999 年。

［25］王海龙：《浅析韩日间独岛（竹岛）领有权争端的演变过程及其现实意义》，《朝鲜·韩国历史研究（第 12 辑）》，延边大学出版社 2012 年版。

［25］王利华：《从环境史研究看生态文明建设的“知”与“行”》，人民日报社理论部编：《人民日报理论著述年编 2013》，人民日报出版社 2014 年版。

［26］王利华：《徘徊在人与自然之间——中国生态环境史探索》，天津古籍出版社 2012 年版。

［27］王利华主编：《中国历史上的环境与社会》，生活·读书·新知三联书店

2007 年版。

［28］王赛时：《山东沿海开发史》，齐鲁书社 2005 年版。

［29］王日根：《海润华夏：中国经济发展的海洋文化动力》，厦门大学出版社 2015 年版。

［30］王荣国：《海洋神灵：中国海神信仰与社会经济》，江西高校出版社 2003 年版。

［31］夏世福：《渤、黄、东海渔业资源演变的初步探讨》，中国水产科学研究院科技情报研究所：《渔业科技成果选编（1978—1979）》（内部资料），1980 年。

［32］杨国桢：《东溟水土：东南中国的海洋环境与经济开发》，江西高校出版社 2003 年版。

［33］杨国桢：《瀛海方程：中国海洋发展理论和历史文化》，海洋出版社 2008 年版。

［34］杨强：《北洋之利：古代渤黄海区域的海洋经济》，江西高校出版社 2005 年版。

［35］于运全：《海洋天灾：中国历史时期的海洋灾害与沿海社会经济》，江西高校出版社 2005 年版。

［36］尹玲玲：《明清长江中下游渔业经济研究》，齐鲁书社 2004 年版。

［37］张彩霞：《海上山东：山东沿海地区的早期现代化历程》，江西高校出版社 2004 年版。

［38］张修桂：《中国历史地貌与古地图研究》，社会科学文献出版社 2006 年版。

［39］张震东、杨金森：《中国海洋渔业简史》，海洋出版社 1983 年版。

［40］中国社会科学院考古研究所：《胶东半岛贝丘遗址环境考古》，社会科学文献出版社 2007 年版。

［41］中国渔业史编委会：《中国渔业史》，中国科学技术出版社 1993 年版。

［42］周炳鑫：《海洋资源》，新知识出版社 1957 年版。

［43］朱树屏：《烟台海区鲐鱼渔场调查》，载《太平洋西部渔业研究委员会第二次全体会议论文集》，科学出版社 1960 年版。

二、报纸期刊、学位论文

[1]包茂红:《海洋亚洲：环境史研究的新开拓》,《学术研究》2008年第6期。

[2]钞晓鸿:《环境史：学科的交融与侧重》,《读书》2011年第11期。

[3]钞晓鸿:《泾渭清浊：乾隆朝的考察辨析及其功用意义》,《中国社会科学》2015年第12期。

[4]钞晓鸿:《深化环境史研究刍议》,《历史研究》2013年第3期。

[5]钞晓鸿:《中国环境史研究的前沿与展望》,《历史研究》2014年第6期。

[6]陈亮:《国家、技术与市场：闽台沿海海洋鱼类种群结构变迁原因研究（1492—1966）》，上海交通大学博士学位论文，2013年。

[7]陈亮:《技术、市场与资源:明清以来福建沿海的带鱼捕捞》,《中国农史》2013年第3期。

[8]冯贤亮:《清代江南沿海的潮灾与乡村社会》,《史林》2005年第1期。

[9]洪纬:《明清以来传统鱼类分类方法研究（1491—1947）——以福建省为中心》,上海交通大学博士学位论文，2013年。

[10]侯甬坚:《“环境破坏论”的生态史评议》,《历史研究》2013年第3期。

[11]刘翠溶:《中国环境史研究刍议》,《南开学报》2006年第2期。

[12]李玉尚:《海上往来人：明清时期的海洋渔业开发》,《中国社会科学报》2014年10月15日A05版。

[13]李玉尚、车群、陈亮:《清代以来黄渤海真鲷资源的分布、开发与变迁》,《中国历史地理论丛》2010年第3期。

[14]李玉尚、陈亮:《清代黄渤海鲱鱼资源数量的变动——兼论气候变迁与海洋渔业的关系》,《中国农史》2007年第1期。

[15]李玉尚、陈亮:《明代黄渤海和朝鲜东部沿海鲱鱼资源数量的变动及原因》,《中国农史》2009年第2期。

[16]李智君:《此岸与彼岸之间——由〈遐迩贯珍〉看19世纪中叶中国民众的海上生活》,《清史研究》2009年第4期。

[17]丘书院:《我国古书中有关海洋动物生态的一些记载》,《生物学通报》1957年第12期。

[18]佘君、丁桂平:《必然还是偶然？——建国初期农业合作化运动原因

再探讨》，《淮南师范学院学报》2005 年第 1 期。

[19] 王保宁：《胶东半岛农作物结构变动与 1816 年之后的气候突变》，《学术界》2009 年 5 期。

[20] 王利华：《浅议中国环境史学建构》，《历史研究》2010 年第 1 期。

[21] 王利华：《生态史的事实发掘和事实判断》，《历史研究》2013 年第 5 期。

[22] 王日根、宋立：《海洋思维：认识中国历史的新视角》，《历史研究》1999 年第 6 期。

[23] 王琢、许滨：《论中国农村土地制度变革六十年》，《中国农村观察》1996 年第 3 期。

[24] 韦晟、姜卫民：《黄海鱼类食物网的研究》，《海洋与湖沼》1992 年第 2 期。

[25] 薛正锐：《渤海湾、莱州湾毛虾资源状况的初步分析》，《海洋湖沼通报》1980 年第 3 期。

[26] 尹玲玲：《明代的渔政制度及其变迁——以机构设置沿革为例》，《上海师范大学学报》2003 年第 1 期。

[27] 杨国桢：《论海洋世纪与海洋史学》，《中国海洋报》2005 年 7 月 26 日。

[28] 叶扬兵：《美好的远景和过高的预期——农业合作化高潮形成的原因之一》，《当代中国史研究》2006 年第 1 期。

[29] 张宝树：《烟台渔轮业》，《河北省立水产专科学校学报》1934 年第 4 期。

[30] 张丽、任灵兰：《近五年来中国的海洋史研究》，《世界历史》2011 年第 1 期。

[31] 周海霞：《中国海产品物流管理体系构建研究》，中国海洋大学 2013 年博士学位论文。

[32] 周其仁：《中国农村改革：国家和所有权关系的变化（上）——一个经济制度变迁史的回顾》，《管理世界》1995 年第 3 期。

三、古籍、地方志

[1] 李吉甫：《元和郡县志》，中华书局 1983 年版。

［2］乐史:《太平寰宇记》，中华书局 2007 年版。
［3］顾炎武:《肇域志》，上海古籍出版社 2012 年版。
［4］郝懿行:《记海错》，光绪五年重刻本。
［5］嘉靖《山东通志》，嘉靖年间刻本。
［6］顺治《招远县志》，顺治十七年刻本。
［7］康熙《胶州志》，康熙十二年刻本。
［8］乾隆《山东通志》，乾隆元年刻本。
［9］乾隆《莱州府志》，乾隆五年刻本。
［10］乾隆《登州府志》，乾隆七年刻本。
［11］乾隆《即墨县志》，乾隆二十九年刻本。
［12］乾隆《掖县志》，乾隆二十三年刻本。
［13］道光《蓬莱县志》，道光十九年刻本。
［14］道光《荣成县志》，道光二十年刻本。
［15］道光《胶州志》，道光二十五年刻本。
［16］道光《招远县志》，道光二十六年刻本。
［17］同治《黄县志》，同治十年刻本。
［18］同治《即墨县志》，同治十二年刻本。
［19］同治《宁海州志》，同治三年刻本。
［20］光绪《登州府志》，光绪七年刻本。
［21］民国《文登县志》，1922 年铅印本。
［22］民国《福山县志稿》，1931 年铅印本。
［23］民国《胶澳志》，1928 年铅印本。
［24］民国《盖平县志》，1930 年铅印本。
［25］民国《胶志》，1931 年铅印本。
［26］民国《莱阳县志》，1935 年铅印本。
［27］民国《掖县志》，1935 年铅印本。
［28］民国《高密县志》，1935 年铅印本。
［29］民国《牟平县志》，1936 年铅印本。

四、档案资料

[1] 海阳市档案馆藏《海阳县渔业生产计划、情况、技术、研究、总结、报告、年报表、批复、答复等》，全宗第 56 号卷 1。

[2] 海阳市档案馆藏《海阳市水产科关于水产工作总结、渔业互助合作情况、水产工作计划、大海市工作计划》，全宗第 56 号卷 2。

[3] 海阳市档案馆藏《海阳县水产局关于水产生产规划、计划、暴风警报、渔业互助合作等统计、调查、工作总结、报告》，全宗第 56 号卷 3。

[4] 海阳市档案馆藏《海阳县水产科关于水产工作、互助合作、安全生产、技术会计训练等工作总结、报告及水产工作计划》，全宗第 56 号卷 4。

[5] 海阳市档案馆藏《海阳水产局关于海水养殖、渔业生产、合作辅导、海带育苗等经验总结、报告》，全宗第 56 号卷 5。

[6] 牟平区档案馆藏《专、县水产科 1950 年度水产工作》，全宗第 75 号卷 1。

[7] 牟平区档案馆藏《省、县水产科 1952 年度水产工作》，全宗第 75 号卷 3。

[8] 牟平区档案馆藏《1953 年度水产工作》，全宗第 75 号卷 4。

[9] 牟平区档案馆藏《牟平县人民政府水产科 1954 年度水产工作》，全宗第 75 号卷 6。

[10] 牟平区档案馆藏《1955 年度水产工作》，全宗第 75 号卷 8。

[11] 牟平区档案馆藏《1956 年度水产工作》，全宗第 75 号卷 10。

[12] 牟平区档案馆藏《牟平县人民委员会水产科 1957 年度水产工作》，全宗第 75 号卷 12。

[13] 青岛市档案馆藏《关于小港附近有日人小渔船捕每天靠小港码头买鱼、渔人均属日人赤贫、青岛已为中国收回所捕鱼类是否属征免税的呈文》，全宗第 B0047 号卷 00321。

[14] 青岛市档案馆藏《海军保卫山东沿海渔业 20 分段处成立的公函》，全宗第 B0047 号卷 0775。

[15] 荣成市档案馆藏《荣成县人民政府关于水产工作的计划、指示、报告、通知》，全宗第 16 号卷 48。

[16] 荣成市档案馆藏《荣成县人民政府关于水产工作的报告、通知》，全

宗第 16 号卷 73。

［17］荣成市档案馆藏《荣成县人民政府关于渔业生产合作工作的报告、通知》，全宗第 16 号卷 99。

［18］荣成市档案馆藏《荣成县人民政府关于水产工作的计划、报告、通报、通知》，全宗第 16 号卷 189。

［19］荣成市档案馆藏《荣成县水产局关于渔业生产、合作、风灾情况的报告》，全宗第 40 号卷 1。

［20］荣成市档案馆藏《荣成县水产局关于水产鱼价工作的报告通知》，全宗第 40 号卷 2。

［21］乳山市档案馆藏《关于动员归队、渔业、征粮、卫生工作报告》，全宗第 1 号卷 1。

［22］乳山市档案馆藏《东海地委关于渔、农业生产、武装民兵、升级、参军、支前、归队、征粮、查藏、工作决定、通报意见》，全宗第 1 号卷 4。

［23］乳山市档案馆藏《乳山县渔联社关于业务、财务、供应、统计工作意见、总结》，全宗第 59 号卷 55。

［24］乳山市档案馆藏《乳山县渔联社各项工作总结》，全宗第 59 号卷 56。

［25］威海市档案馆藏《英国威海卫公署帆船主人向英当局申诉有关日本扣押其船货的事》，全宗第 229 号卷 766。

［26］威海市档案馆藏《英国威海卫公署 1908—1919 年进入威海港船只记录》，全宗第 229 号卷 162。

［27］威海市档案馆藏《英国威海卫公署呈请设法保护渔船》，全宗第 229 号卷 793。

［28］文登市档案馆藏《关于邮电交通、港运、气象工作的指示、报告、通知、命令》，全宗第 1 号卷 158。

［29］文登县人民政府、各区公所关于邮电交通、港运、气象工作的指示、报告、通知、令》，全宗第 1 号卷 159。

［30］烟台市档案馆藏《山东省水产局长逯子玉同志在全省加速渔业机械化和对日渔业斗争会议上的总结发言提纲》，全宗第 0012 号卷 797。

［31］烟台市档案馆藏《烟台渔业汇编》，全宗第 4186 号卷 35。

五、英文文献

[1] Arthur McEvoy, *The Fisherman's Problem: Ecology and law in the California Fisheries, 1850–1980*. New York: Cambridge University Press, 1986.

[2] Beverley Hooper, "Women in China: Mao v. Confucius," *Labour History*, 1975, (29) .

[3] Brian Payne, "Local Economic Stewards: The Historiography of the Fishermen's Role in Resource Conservation," *Environmental History*, 2013, (1) .

[4] Carolyn Merchant, "Gender and Environmental History," *The Journal of American History*, 1990, (4) .

[5] Carolyn Merchant, *The Death of Nature: Women, Ecology and the Scientific Revolution*. New York: Harper & Row, 1980.

[6] Craig E. Colten, *Perilous Place, Powerful Storms: Hurricane Protection in Coastal Louisiana*. Jackson: University Press of Mississippi, 2009.

[7] Daniel Pauly, "Anecdotes and the Shifting Baselines Syndrome of Fisheries," *Trends in Ecology & Evolution*, 1995, (10) .

[8] David Dobbs, *The Great Gulf: Fishermen Scientists and the Struggle to Revive the World's Greatest Fishery*. Washington, D.C.:Island Press, 2000.

[9] Eugenia Piza–Lopez, "After the Fisheries: The Story of Sinalhan," *Focus on Gender*, 1993, (1) .

[10] Glenn M. Grasso, "What Appeared Limitless Plenty: The Rise and Fall of the Nineteenth Century Atlantic Halibut Fishery," *Environmental History*, 2008, (1) .

[11] James Acheson, "The Lobster Fiefs: Economic and Ecological Effects of Territoriality in the Maine Lobster Industry," *Human Ecology*, 1975, (3) .

[12] Jay Barnes, *Florida's Hurricane History*. Chapel Hill: University of North Carolina Press, 1998.

[13] John E. Orchard, "Contrasts in the Progress of Industrialization in China and Japan," *Political Science Quarterly*, 1937, (1) .

[14] John M. Armstrong and Peter C. Ryner, *Ocean Management: Seeking a New Perspective*. Detroit: Traverse Group Inc, 1980.

[15] Joseph Taylor Ⅲ , "Knowing the Black Box: Methodological Challenges in

Marine Environmental History," *Environmental History*, 2013, (1).

[16] Joseph Taylor Ⅲ, *Making Salmon: An Environmental History of the Northwest Fisheries Crisis*. Seattle: University of Washington Press, 1999.

[17] Judith Shapiro, *Mao's War against Nature: Politics and the Environment in Revolutionary China*. New York: Cambridge University Press, 2001.

[18] Kevin Rozario, *The Culture of Calamity: Disaster and the Making of Modern America*. Chicago: University of Chicago Press, 2007.

[19] Louis Perez, *Winds of Change: Hurricanes and the Transformation of Nineteenth Century Cuba*. Chapel Hill: University of North Carolina Press, 2001.

[20] Madhav Gadgil and Ramachandra Guha, *This Fissured Land: An Ecological History of India*. Berkeley: University of California Press, 1993.

[21] Margaret Bogue, *Fishing the Great Lakes: An Environmental History, 1783-1933*. Washington, D.C.: University of Wisconsin Press, 2000.

[22] Micah S. Muscolino, *Fishing Wars and Environmental Change in Late Imperial and Modern China*. Cambridge: Harvard University Asia Center, 2009.

[23] Micah Muscolino, "The Yellow Croaker War: Fishery Disputes between China and Japan, 1925–1935," *Environmental History*, 2008, (2).

[24] Michael Chiarappa and Matthew McKenzie, "New Directions in Marine Environmental History: An Introduction," *Environmental History*, 2013, (1).

[25] Miriam Wright, "Young Men and Technology: Government Attempts to Create a 'Modem' Fisheries Workforce in Newfoundland, 1949–1970," *Labour/Le Travail*, 1998, (42).

[26] Nicole–Claude Mathieu, "Man–Culture and Woman–Nature?" *Women's Studies International Quarterly*, 1978, (1).

[27] P. A. Larkin, "An Epitaph for the Concept of Maximum Sustained Yield," *Transactions of the American Fisheries Society*, 1977, (1).

[28] Poul Holm, Marta Coll, Alison MacDiarmid, Henn Ojaveer and Bo Poulsen, "HMAP Response to the Marine Forum," *Environmental History*, 2013, (1).

[29] Sandra Lin Marburg, "Women and Environment: Subsistence Paradigms, 1850–1950," *Enviromental Review*, 1984, (1).

[30] Tamara Jacka, *Women's Work in Rural China: Change and Continuity in

an Era of Reform. Cambridge: Cambridge University Press, 1997.

[31] Ted Steinberg, *Acts of God: The Unnatural History of Natural Disaster in America*. New York: Oxford University Press, 2000.

[32] Ted Steinberg, "Down, Down, Down, No More: Environmental History Moves beyond Declension," *Journal of the Early Republic*, 2004, (2) .

[33] Tony J. Pitcher and Paul J. B. Hart, *Fisheries ecology*. London: Croom Helm, 1982.

[34] Ulrich Beck, *Risk Society: Towards a New Modernity*. London: Sage Publications Ltd, 1992.

[35] W. Jeffrey Bolsterm, *The Mortal Sea: Fishing the Atlantic in the Age of Sail*. Cambridge: Harvard University Press, 2012.

[36] W. Jeffrey Bolster, "Opportunities in Marine Environmental History," *Environmental History*, 2006, (1) .

[37] William Cronon, "The Uses of Environmental History," *Environmental History Review*, 1993, (3) .

后　记

本书由我的博士论文《环境、资源和渔业社会：以20世纪50年代的胶东沿海为中心》修改补充而成。

2012年一个夏日，我在厦门大学前放下行李，迎面拂过一阵温柔的海风。我住进一间海景宿舍，天气晴好的话，推开窗就能眺望波光粼粼的海面，从白城海滩延伸到鹭江对岸的鼓浪屿。我师从钞晓鸿老师，研究海洋环境史。每当我坐在书桌前录档案、爬稿子的时候，窗外的海总能激发我的灵感和遐思。钞老师半个月开一次例会，大家齐聚办公室，汇报近期工作，再由钞老师指点迷津。博士论文撰写过程中，钞老师悉心指导我，既有高屋建瓴的引领，又有逐字逐句的推敲。师恩无以言表，唯有感念于心。

从厦门大学毕业后，我来到中国社会科学院，跟随李国强老师做博士后。在李老师点拨下，我修改了本书若干章节，以增强论文现实关照意义。我自身的研究旨趣，逐渐从环境史转向海疆史。我在社科院待了很久，直到2020年才出站就业。但既没有继续搞环境史，也没有继续搞海疆史，几乎完全告别了历史圈，有负几位老师的栽培，跟以前的学友也渐行渐远。人的职业选择往往身不由己，从一而终是幸运，半路改行是常态。现在，我正努力转型为一个合格的思政课教师。既然不能追求卓越，那就争取圆满吧。

本书的出版，得到中央高校基本科研业务费专项资金和北京交通大学重点马克思主义学院建设经费的资助，感谢高正礼院长的大力支持！在本书的修改、审核和出版过程中，我还得到陕西师范大学的侯甬坚教授和卜风贤教授、南开大学的王利华教授、郑州大学的王星光教授、厦门大学的王日根教授、上海交通大学的李玉尚教授、中央民族大学的周琼教授、当代中国研究所的王巧荣研究员、中国社会科学院中国边疆研究所的侯毅研究员、全国妇联妇女研究所的宓瑞新研究员、荣成博物馆李波馆长的指导和帮助，在此一并表示感谢！

王　楠

2021年8月25日